信息学
奥林匹克竞赛
初 赛
精讲精练

陈文博 常强 陈跃坚 著

图书在版编目（CIP）数据

信息学奥林匹克竞赛初赛精讲精练 / 陈文博，常强，陈跃坚著 . -- 北京：机械工业出版社，2021.7（2025.9 重印）
ISBN 978-7-111-68624-8

I. ①信… II. ①陈… ②常… ③陈… III. ①信息学 – 竞赛题 IV. ①G201-44

中国版本图书馆 CIP 数据核字（2021）第 129607 号

信息学奥林匹克竞赛初赛精讲精练

出版发行：	机械工业出版社（北京市西城区百万庄大街 22 号　邮政编码：100037）		
责任编辑：	杨绣国	责任校对：	殷　虹
印　　刷：	固安县铭成印刷有限公司	版　　次：	2025 年 9 月第 1 版第 8 次印刷
开　　本：	214mm×275mm　1/16	印　　张：	13
书　　号：	ISBN 978-7-111-68624-8	定　　价：	69.00 元

客服电话：（010）88361066　68326294

版权所有・侵权必究
封底无防伪标均为盗版

前言

无论是往年的 NOIP（全国青少年信息学奥林匹克联赛）还是近几年的 CSP（计算机软件能力认证），初赛始终是众多考生面临的第一道关卡。笔者对历年竞赛真题进行了整理归纳，研究了题型做法和出题趋势，并将其整理成书，旨在为考生赛前备考提供帮助。由于笔者水平有限，书稿中难免存在错误或疏漏，热忱欢迎同行专家和读者朋友批评指正。

在整理历年竞赛真题的过程中，笔者发现近几年的考题越发趋向于编程本身，像竞赛规则、计算机组成、计算机历史、奖项等之前必考的知识点近几年逐渐减少甚至消失，而数据结构、算法、数学等知识点的考题数量却在增加。

本书第一篇的主要内容是竞赛中选择题小题会考到的知识点，多数知识点分基础知识、范例精讲、赛题训练三部分来讲述。其中基础知识部分通俗地解释了各类考点的理论知识，内容专注于竞赛考点；范例精讲部分是各类知识点的常见题目类型和解法技巧，同时也有一些对基础知识的补充；赛题训练部分则是列举了各类知识的历年竞赛真题，用于练习巩固。

此外，历年竞赛的考题也有大量重复，甚至在同年的普及组、提高组卷中就有重复题。笔者将这些高频出现的题目整理放入了本书的第二篇中，虽然 2020 年并没有出现这种情况，可能以后也不会出现，但依然可把这些高频题当作学完第一篇后的练习题使用。

CSP 出现之后，大题题型转变为选择题，代码难度明显升高，简单递归、循环、数组模拟的题目变少，而字符串、数据结构、图论算法等知识点的出现频率增高，基本变成了每年必考题型。选择题虽然有选项的提示，并有排除法等解题技巧，题目相对更容易求解，但难度的上升更加考验考生的综合能力，要求考生在熟练掌握基础知识之外，还应注意程序细节、复杂度评价、程序模拟甚至提问中的陷阱等。

本书第二篇还挑选了近几年竞赛的大题，讲解了题目做法和技巧，为了不影响读者练习，题目分析放在附录的"参考答案"部分。由于大题部分涉及代码和算法知识，考点范围广，所以以分析和讲解一般解题思路和常用技巧为主。

最后，为了满足各类需求，笔者整理了近年竞赛真题试卷放入本书，以飨读者。

配套资源和代码

本书由小编程家在线编程教学平台为你提供学习资源，每位读者均可免费领取。请按如下方法操作。

1）扫描二维码，关注公众号"小编程家信奥赛"。

2）发送文字"领取教材账号"。

3）工作人员将发送账号和操作手册。

祝各位考生顺利通过初赛！

目 录

前言

第一篇　知识点精讲　　　　　　　　　　　　　　　　　　/ 01

第一章　进制 / 4

　　第一节　进制基础　/ 4

　　第二节　进制转换　/ 6

　　第三节　位运算　/ 10

第二章　存储 / 15

　　第一节　存储单位　/ 15

　　第二节　整数存储　/ 17

　　第三节　字符存储　/ 19

　　第四节　图像存储　/ 24

　　第五节　浮点数存储　/ 28

第三章　算法 / 31

　　第一节　时空复杂度　/ 31

　　第二节　十大排序　/ 37

　　第三节　其他算法　/ 41

第四章　数学知识 / 45

　　第一节　排列组合　/ 45

　　第二节　鸽巢原理　/ 52

　　第三节　容斥原理　/ 54

　　第四节　概率　/ 56

第五章　数据结构 / 61

　　第一节　数据结构基础　/ 61

　　第二节　线性数据结构　/ 63

　　第三节　树　/ 72

　　第四节　图　/ 85

第二篇　习题精练　　/ 93

第六章　高频真题 / 94

第七章　大题 / 111
　　第一节　判断题和选择题　/ 113
　　第二节　程序阅读题　/ 125
　　第三节　程序完善题　/ 131

第八章　真题卷[一] / 142

2020 CCF 非专业级别软件能力认证第一轮（CSP-J）入门级 C++ 语言试题 / 142

2020 CCF 非专业级别软件能力认证第一轮（CSP-S) 提高级 C++ 语言试题 / 154

附　录　　/ 167

附录 A　十大排序代码　/ 168

附录 B　DAG 拓扑排序　/ 174

附录 C　参考答案　/ 176

[一] 2022 年 8 月重印修订时已在正文添加二维码，扫码可领取 2010～2021 年度初赛真题卷。

第一篇
知识点精讲

考点分析

以下是近几年竞赛中选择题小题部分的题目数据，数字表示题目数，部分题涵盖多个知识点。

普及组 /CSP-J

考 点	年 份								
	2022	2021	2020	2019	2018	2017	2016	2015	2014
进制（进制转换、位运算）	1	1	1	1	1	2	2	2	2
存储（整数、小数、字符、图像存储）	0	1	1	1	1	1	1	1	1
算法（时间复杂度、排序、算法、程序阅读填空等）	4	5	2	1	2	1	3	1	4
计算机通识（计算机硬件和软件、竞赛规则、计算机历史、奖项等）	1	2	2	2	3	7	6	10	9
数学（排列组合、容斥、抽屉等）	1	2	4	6	4	6	3	1	1
数据结构（数据结构概念、特性、分类、操作代码等）	8	4	4	4	4	3	2	5	3
逻辑题	0		1				2		

提高组 /CSP-S

考 点	年 份									
	2022	2021	2020	2019	2018	2017	2016	2015	2014	2013
进制（进制转换、位运算）	0	1	1	1	2		2	2	2	1
存储（整数、小数、字符、图像存储）	1	0	1	1		2			2	3
算法（时间复杂度、排序、算法、程序阅读填空等）	5	7	5	6	3	6	8	4	6	8
计算机通识（计算机硬件和软件、竞赛规则、计算机历史、奖项等）	2	2	2	1	4	3	6	6	6	3
数学（排列组合、容斥、抽屉等）	3	1	2	4	4	7	2	2	1	2
数据结构（数据结构概念、特性、分类、操作代码等）	4	4	4	2	4	4	4	8	5	5

可以发现计算机通识部分的考题数近几年明显变少，取而代之的是数学、数据结构等更偏向于编程本身的内容。这意味着竞赛越发注重编程能力的提升，而非理论知识的死记硬背。

按照这个趋势，2022年、2023年竞赛中15道选择小题，重点仍然在算法、数学、数据结构上，算法部分以复杂度、排序为主，数学以排列组合为主，数据结构则以栈、链表、树、图的理论知识、特性、操作为主。考生备考时也请多加注意，合理分配自己的时间。

第一章 进 制

第一节 进制基础

基础知识

进制也就是进位计数制,是人为定义的带进位的计数方法,可以用有限的数字符号代表所有的数值,可使用的数字符号的数目称为基数或底数,基数为 n,即可称 n 进位制,简称 n 进制。

对于任何一种进制——X 进制,每一位置上数的运算都是逢 X 进一位。十进制是逢十进一,十六进制是逢十六进一,二进制就是逢二进一,以此类推,X 进制就是逢 X 进位。

任何一个数都可以用不同的进位制来表示。比如十进制数 57_{10},可以用二进制表示为 111001_2,也可以用五进制表示为 212_5,也可以用八进制表示为 71_8,用十六进制表示为 39_{16},它们所代表的数值都是一样的。

十进制

- 基数为 10,数码由 0~9 组成,计数规律为逢十进一。
- 对于十进制数可以不加标注,或加后缀 D,其中 D 是十进制英文 Decimal 的首字母,如 57、57D。

二进制

- 基数为 2,数码由 0、1 组成,计数规律为逢二进一。

- 二进制数的书写通常在数的右下方注上基数 2，或在后面加 B 表示，其中 B 是二进制英文 Binary 的首字母，如 111001_2、111001B。

在计算机领域，我们之所以采用二进制进行计数，是因为二进制具有以下优点：

1）二进制数中只有两个数码 0 和 1，可用具有两个不同稳定状态的元器件来表示。例如，电路中某一通路的电流的有无、某一节点电压的高低、晶体管的导通和截止等。

2）二进制数运算简单，大大简化了计算中运算部件的结构。

3）二进制天然兼容逻辑运算。

八进制

由于二进制数的基数较小，数据的书写和阅读不方便，为此，在小型机中引入了八进制。

- 基数为 8，数码由 0~7 组成，计数规律为逢八进一。
- 八进制用下标 8 或在数据后面加 O（Octal 的首字母）表示，如 71_8、71O。
- 在 C++ 语言中，以数字 0 开头表示该数字是八进制数，如 "cout << 071;"。

十六进制

由于二进制数的位数太长，不容易记忆，所以十六进制数出现了。

- 基数为 16，数码由 0~9 加上 A~F 组成（A 表示 10），计数规律为逢十六进一。
- 十六进制用下标 16 或在数据后面加 H（Hex 的首字母）表示，如 39_{16}、39H。
- 在 C++ 语言中，以前缀 0x 开头表示该数字是十六进制数，如 "cout << 0x39;"。

更大的进制则从 F 表示 15 开始，继续类推到 Z，最大可以表示三十六进制。

赛题训练

1. 二进制数 00101100 和 00010101 的和为（　　）。

   A. 00101000　　　　　　　　　　B. 01000001

   C. 01000100　　　　　　　　　　D. 00111000

2. 在计算机内部用于传送、存储、加工处理的数据或指令都是以（　　）形式存在的。

A. 二进制码　　　　　　　　　　B. 八进制码

C. 十进制码　　　　　　　　　　D. 智能拼音码

第二节　进制转换

基础知识

十进制整数转二进制数

除二取余法：用 2 连续除十进制整数，直到商为 0，逆序排列余数即可得到该十进制整数的二进制表示。

例如十进制数 57 转为二进制数：

- 57 除以 2 得 28 余 1
- 28 除以 2 得 14 余 0
- 14 除以 2 得 7 余 0
- 7 除以 2 得 3 余 1
- 3 除以 2 得 1 余 1
- 1 除以 2 得 0 余 1（商为 0，结束）

逆序排列余数（从下往上）得到二进制数：111001B。

十进制整数转 n 进制同理，即除 n 取余法。

二进制数转十进制数

按位权展开：在数制中，各位数字所表示值的大小不仅与该数字本身的大小有关，还与该数字所在的位置有关，我们称其为数的位权，简称权。

对于形式化的进制表示，我们可以从 0 开始，对数字的各个数位进行编号，即从个位起向左依次为编号 0、1、2、……；对称地，小数点后的数位则是 −1、−2、……。如下表为二进制数 111001.000B 的位权表示：

位权	2^5	2^4	2^3	2^2	2^1	2^0		2^{-1}	2^{-2}	2^{-3}
数值	1	1	1	0	0	1	.	0	0	0

任意 R 进制数按权展开，相加即可得到十进制数，如二进制数 111001B 转为十进制数：

$$1\times2^5 + 1\times2^4 + 1\times2^3 + 0\times2^2 + 0\times2^1 + 1\times2^0 = 57$$

其他进制数转十进制数同理，十进制数的位权是以 10 为底的幂，二进制数的位权是以 2 为底的幂，十六进制数的位权是以 16 为底的幂。数位由高向低，以降幂的方式排列。

进制快捷转换

由于 2 的 3 次方是 8，所以二进制数转为八进制数时，可三个数为一组进行转换，每组内位权编号重新从零开始计算。例如，二进制数 111001B 转为八进制数：

$$(111)(001)\ B = (1\times2^2 + 1\times2^1 + 1\times2^0)\ (0\times2^2 + 0\times2^1 + 1\times2^0)\ O = 71O$$

同理，由于 2 的 4 次方是 16，二进制数转为十六进制数时，可四个数为一组进行转换（优先满足右侧分组，因为最高位可以补零），如二进制数 111001B 转为十六进制数：

$$(11)(1001)\ B = (1\times2^1 + 1\times2^0)\ (1\times2^3 + 0\times2^2 + 0\times2^1 + 1\times2^0)\ H = 39H$$

其他进制间转换时，若进制存在幂运算关系，则可依此方法进行快捷转换。

十进制小数转二进制数

乘二取整法：用 2 乘十进制小数，可以得到积，将积的整数部分取出，再用 2 乘余下的小数部分，如此循环，将每步取出的整数部分顺序排列，得到小数的二进制表示。

整数部分用除二取余法得到二进制数，小数部分用乘二取整法得到二进制数。例如，十进制数 32.12 转为二进制数的步骤如下。

1）整数部分为 32，小数部分为 0.12。

2）整数部分 32 除二取余得到二进制数 100000。

3）小数部分：

$0.12 \times 2 = 0.24$ 取整数 0

$0.24 \times 2 = 0.48$ 取整数 0

$0.48 \times 2 = 0.96$ 取整数 0

$0.96 \times 2 = 1.92$ 取整数 1（取出后，后续运算因数变为 $1.92 - 1 = 0.92$）

$0.92 \times 2 = 1.84$ 取整数 1

$0.84 \times 2 = 1.68$ 取整数 1

（有的小数部分乘二取整可无限运算下去，须按题目精度要求截取足够位数。）

顺序排列取出整数，得到小数部分的二进制数为 .000111。

4）结合得到最终二进制小数：100000.000111。

总结：整数部分，除二取余、逆序排列；小数部分，乘二取整、顺序排列。

范例精讲

例 1 如果 256 种颜色用二进制编码来表示，至少需要（　　）位。

A. 6　　　　　　　　　　B. 7

C. 8　　　　　　　　　　D. 9

【正确答案】 C

|解析|

n 位无符号二进制数能够表示的最大正数为全一（n 个 1），转为十进制数为 $2^0 + 2^1 + \cdots + 2^{n-1}$。

设 $x = 2^0 + 2^1 + \cdots + 2^{n-1}$

等式两边 $+1$ 得到：$x + 1 = 1 + 2^0 + 2^1 + \cdots + 2^{n-1}$

1 可以看作 2^0：$x + 1 = 2^0 + 2^0 + 2^1 + \cdots + 2^{n-1}$

相同数的加法变为乘法：$x + 1 = 2\times 2^0 + 2^1 + \cdots + 2^{n-1}$

数学幂运算，底数不变指数相加：$x + 1 = 2^1 + 2^1 + \cdots + 2^{n-1}$

表现为两个 2^0 合在一起变成了 2^1，接下来等号右边可以继续这样合在一起。

最后 $x+1 = 2^{n-1} + 2^{n-1} = 2^n$，$x = 2^n - 1$。

回到问题中，要存储 256 种颜色，数值对应 0～255，$2^n - 1 \geqslant 255$，n 至少为 8。

赛题训练

1. 二进制数 1011 转换成十进制数是（　　）。

    A. 11   B. 10

    C. 13   D. 12

2. 下列四个不同进制的数中，与其他三项数值上不相等的是（　　）。

    A. $(269)_{16}$ B. $(617)_{10}$

    C. $(1151)_8$ D. $(1001101011)_2$

3. 请选出以下最大的数（　　）。

    A. $(550)_{10}$ B. $(777)_8$

    C. 2^{10} D. $(22F)_{16}$

4. 十进制小数 13.375 对应的二进制数是（　　）。

    A. 1101.011   B. 1011.011

    C. 1101.101   D. 1010.01

5. 与二进制小数 0.1 相等的八进制数是（　　）。

    A. 0.8   B. 0.4

    C. 0.2   D. 0.1

6. 与二进制小数 0.1 相等的十六进制数是（　　）。

    A. 0.8   B. 0.4

    C. 0.2   D. 0.1

7. 下面有四个数据组，每个组各有三个数据，其中第一个数据为八进制数，第二个数据为十进制数，第三个数据为十六进制数。这四个数据组中三个数据相同的是（　　）。

A. 120　82　50
B. 144　100　68
C. 300　200　C8
D. 1762　1010　3F2

第三节　位运算

基础知识

程序中的所有数在计算机内存中都是以二进制的形式存储的，位运算就是直接对整数在内存中的二进制位进行操作（补码且符号位也参与运算，有关补码的知识见第二章的第二节），位运算符及其运算规则如下。

按位与（&）

两个都是 1 才是 1。例如：

```
00101          5
11100          28
& ---------------
00100          4
```

& 运算通常用于二进制数的取位操作，例如一个数 "& 1" 的结果就是取二进制数的最末位。这可以用来判断一个整数的奇偶性，二进制的最末位为 0 表示该数为偶数，最末位为 1 表示该数为奇数。对于一个数 a，$a = a \& (a-1)$ 的作用是将 a 的二进制数最右边的 1 变为 0。

按位或（|）

只要有一个为 1 就为 1。例如：

```
00101        5
11100       28
|---------------
11101       29
```

| 运算通常用于二进制数特定位上的无条件赋值,例如一个数"| 1"的结果就是把二进制数最末位强行变成 1。如果需要把二进制数最末位变成 0,对这个数"| 1"之后再减 1 就可以了,其实际意义就是把这个数强行变成最接近的偶数。

按位异或 (^)

相同为 0,不同为 1(或理解为"半加",也就是不进位的二进制数加法)。例如:

```
00101        5
11100       28
^---------------
11001       25
```

^ 运算可以用于简单的加密,比如我想告诉朋友我的 QQ 密码是 123456,但又怕别人知道,所以我和朋友约定用 19491001 作为密钥,123456 ^ 19491001 = 19434233,我就把 19434233 告诉朋友,然后朋友再计算 19434233 ^ 19491001 = 123456,就得到我的 QQ 密码了。

在密码学中,上述过程的 123456 称为明文,19434233 称为密文,19491001 称为密钥,明文经过加密过程转变为密文并传输给目标对象,目标对象接收后将密文经过解密过程转变为明文,如此便可实现安全的传输,即便被别人截获了传输的密文,没有密钥也无法得知明文。

加法的逆运算是减法,乘法的逆运算是除法,^ 运算的逆运算是它本身。由此可写出一个不需要中间变量的 swap 过程。

```
int a = 10,b = 5;
// 原交换方法
int t = a;
a = b;
b = t;
// 借助互逆运算
a = a + b;
b = a - b;
```

```
a = a - b;
// 借助^
a = a ^ b;
b = a ^ b;
a = a ^ b;
```

注意：^ 的交换方法不能用于一个数的自我交换，会导致数据变为 0。

按位取反（~）

单目运算符，1 变成 0，0 变成 1，例如：

```
  00101         5
~ ---------------
  11010        -6
```

注意：11010 为补码。

使用 ~ 运算时要格外小心，需要注意整数类型有没有符号。如果 ~ 的对象是无符号整数（unsigned），那么得到的值就是它与该类型上界的差。

左移（<<）

$a << b$ 就表示把 a 转为二进制后左移 b 位（在后面添加 b 个 0）。例如 100 的二进制数为 1100100，而 110010000 转成十进制数是 400，那么 100 << 2 = 400。可以看出，$a << b$ 的值实际上就是 a 乘以 2 的 b 次方，因为在二进制数后添加一个 0 就相当于该数乘以 2。

通常认为 $a << 1$ 比 $a * 2$ 更快，因为前者是更底层一些的操作。因此程序中乘以 2 的操作请尽量用左移一位来代替。

定义一些常量可能会用到 << 运算。你可以方便地用 1 << 16 - 1 来表示 65535。很多算法和数据结构要求数据规模必须是 2 的幂，此时可以用 << 来定义 Max_N 等常量。

右移（>>）

与 << 相似，$a >> b$ 表示把 a 转为二进制数后右移 b 位，低位舍弃 b 位，高位补 b 位符号位（正数补 0、负数补 1）。

右移运算对于正数，相当于 a 除以 2 的 b 次方（取商），想办法用 >> 代替除法运算可以使程序效率大大提高。

在其他编程语言（如 Java）中，右移运算符分为带符号（>>）和无符号（>>>）两种。二者的区别在于舍弃低位后高位所补的数字，若带符号，则补符号位（正 0 负 1）；若无符号，则固定补 0。

位运算符优先级

1	~
2	*、/、%
3	+、-
4	<<、>>
5	&
6	^
7	|
8	&=、^=、|=、<<=、>>=

速记：从高到低，反、移、与、异、或，四则运算在反、移之间。

赛题训练

1. 二进制数 11101110010111 和 01011011101011 进行逻辑或运算的结果是（　　）。

   A. 11111111011111　　　　　　　B. 11111111111101
   C. 10111111111111　　　　　　　D. 11111111111111

2. 二进制数 11101110010111 和 01011011101011 进行逻辑与运算的结果是（　　）。

   A. 01001010001011　　　　　　　B. 01001010010011
   C. 01001010000001　　　　　　　D. 01001010000011

3. 为了统计一个非负整数的二进制形式中 1 的个数，代码如下：

```
int CountBit(int x)
{
    int ret = 0;
    while (x)
    {
        ret++;
        _____;
    }
    return ret;
}
```

则空格内要填入的语句是（　　）。

A. x >>= 1

B. x &= x − 1

C. x |= x >> 1

D. x <<= 1

4. 二进制数 00101100 和 01010101 异或的结果是（　　）。

A. 00101000

B. 01111001

C. 01000100

D. 00111000

第二章 存 储

第一节 存储单位

基础知识

存储单位是一种计量单位,指在某一领域以一个特定量或标准作为一个记录(计数)点,再以此点的某个倍数去定义另一个点,而这个点的代名词就是计数单位或存储单位。如卡车的载重量是吨,也就是这辆卡车能存储货物数量的单位量词是吨。

二进制序列用以表示计算机、电子信息数据容量的量纲,基本单位为字节(B),字节单位的量级为1024,比如1KB = 1024B,1MB = 1024KB。

计算机存储单位一般用bit、B、KB、MB、GB、TB、PB、EB、ZB、YB、BB、NB、DB等来表示,它们之间的关系如下。

- bit(b,位):读作比特,存放一位二进制数,即0或1,是最小的存储单位。
- Byte(B,字节):8个二进制位为一字节,即1B = 8bit,是最常用的单位。
- Kilo Byte(KB):1KB = 1024B。
- Mega Byte(MB):1MB = 1024KB。
- Giga Byte(GB):1GB = 1024MB。
- Tera Byte(TB):1TB = 1024GB。

在 C\C++ 语言中，基本变量类型所占用的内存空间大小由计算机操作系统（32 位和 64 位）和编译器决定。一般来讲，各变量类型所占用的存储空间和能表示的范围如下表所示。

数据类型	字节（32 位）	字节（64 位）	取值范围（按 32 位）
char	1	1	$-128 \sim 127$
unsigned char	1	1	$0 \sim 255$
short int / short	2	2	$-32\,768 \sim 32\,767$
unsigned short	2	2	$0 \sim 65\,535$
int	4	4	$-2\,147\,483\,648 \sim 2\,147\,483\,647$
unsigned int	4	4	$0 \sim 4\,294\,967\,295$
long int / long	4	8	$-2\,147\,483\,648 \sim 2\,147\,483\,647$
unsigned long	4	8	$0 \sim 4\,294\,967\,295$
long long int / long long	8	8	$-9\,223\,372\,036\,854\,775\,808 \sim 9\,223\,372\,036\,854\,775\,807$
指针	4	8	
float	4	4	$3.4e +/-38$（7 位有效数字）
double	8	8	$1.79e +/-308$（15 位有效数字）

在实际问题中，若 long long int 都不足以满足需求，则应考虑使用数组来存放高精度数据，再重新定义高精度数据的四则运算。在信奥赛中，对高精度数据的处理也是常考项。

范例精讲

例 1 在内存中每个存储单元都被赋予一个唯一的序号，称为（　　）。

A. 地址　　　　　　　　B. 序号

C. 下标　　　　　　　　D. 编号

【正确答案】 A

| 解析 |

地址被用来标识存储单元在内存中的位置，编程中的变量数组等都有自己的地址，另外 C++ 还有专门存储地址的变量类型——指针。

赛题训练

1. 一个 32 位整型变量占用（　　）字节。
   A. 32   B. 128
   C. 4   D. 8
2. 1MB 等于（　　）。
   A. 1000 字节   B. 1024 字节
   C. 1000×1000 字节 D. 1024×1024 字节
3. 计算机存储数据的基本单位是（　　）。
   A. bit   B. Byte
   C. GB   D. KB

第二节　整数存储

基础知识

计算机中整数数值的存储并不是将其简单地转为二进制存入内存中即可，因为涉及正负数、减法问题，所以科学家们设计了一套整数的存储规则——三码。

原码

整数存储的时候，用最高位表示符号（0 为正数、1 为负数），之后几位存储二进制数值，例如：

正数	二进制	负数	二进制
0	0000	-0	1000
1	0001	-1	1001
2	0010	-2	1010

这样设计有一个问题，-1 + 1 = 1010 = -2，怎么办？

反码

负数的二进制使用反码：符号位不变，其他相反。

正数	二进制	负数	二进制
0	0000	-0	1111
1	0001	-1	1110
2	0010	-2	1101

现在 -1 + 1 = 1111 = -0，可以接受。但是，0 和 -0 的问题呢？

补码

负数用反码 +1。

正数	二进制	负数	二进制
0	0000	-0	0000
1	0001	-1	1111
2	0010	-2	1110

现在一切加法都完美了，0 也只有一个了。

总结

1）正数的原码、补码、反码都是它本身。

2）负数的反码为原码（除符号位）取反，补码为反码加一。

3）计算机内存中存储的是补码。

4）因为存储的是补码，存储范围中的负数总比正数多一个（-0 的原码被用来表示最小的负数）。

范例精讲

例 1 在 8 位二进制补码中，10101011 表示的数是十进制下的（　　）。

　　A. 43　　　　　　　　　　　B. −85

　　C. −43　　　　　　　　　　D. −84

【正确答案】 B

| 解析 |

注意最高位是 1，说明是个负数。

赛题训练

1. 在字长为 16 位的系统环境下，一个 16 位带符号整数的二进制补码为 1111111111101101。其对应的十进制整数应该是（　　）。

　　A. 19　　　　　　　　　　　B. −19

　　C. 18　　　　　　　　　　　D. −18

第三节　字符存储

基础知识

ASCII 码表

计算机只能处理数字，如果要处理文本，就必须先把文本转换为数字才能处理。最早的计算机在设计时采用 8bit 作为 1B，所以，一个字节能表示的最大的整数就是 255（$11111111_2 = 255_{10}$），如果要表示更大的整数，就必须用更多的字节。比如 2 字节可以表示的最大整数是 65535，4 字节可以表示的最大整数是 4294967295。

由于计算机是美国人发明的，因此，最早只有 127 个字符被编码到计算机里，也就是大小写英文字母、数字和一些符号，这个编码被称为 ASCII 编码，比如大写字母 A 的编码是 65，小写字母 z 的编码是 122。

对于 ASCII 码表，不需要记住各个字符的编号，需要知道的是：编号从小到大，先是数字字符，然后是大写字母，最后是小写字母，三个部分之间隔着一些其他字符，但是内部的编号是连续的。

编码表发展

ASCII 码表解决了英文字母和符号的存储问题，但是要处理中文显然一个字节是不够的，至少需要两个字节，而且还不能与 ASCII 编码冲突，所以，中国制定了 GB2312 编码，用于中文编码，繁体中文则是 BIG5。

可以想得到的是，全世界有上百种语言，日本把日文编到 Shift_JIS 里，韩国把韩文编到 Euc-kr 里，各有各的标准，这就会不可避免地出现冲突。结果就是，在多语言混合的文本中，显示时会有乱码。

因此，Unicode 应运而生。Unicode 把所有语言都统一到一套编码里，这样就不会再有乱码问题了。Unicode 标准也在不断发展，但最常用的是用 2 字节表示一个字符（如果要用到非常偏僻的字符，就需要 4 字节）。现代操作系统和大多数编程语言都直接支持 Unicode。

现在，将一将 ASCII 编码和 Unicode 编码的区别：ASCII 编码是 1 字节，而 Unicode 编码通常是 2 字节。

- 字母 A 用 ASCII 编码是十进制的 65，二进制的 01000001。
- 字符 0 用 ASCII 编码是十进制的 48，二进制的 00110000，注意字符 '0' 和整数 0 是不同的。
- 汉字"中"已经超出了 ASCII 编码的范围，用 Unicode 编码是十进制的 20013，二进制的 0100111000101101。

如果把 ASCII 编码的 A 用 Unicode 编码，应该在前面补 0 就可以了，因此，A 的 Unicode 编码是 0000000001000001。

新的问题又出现了：如果统一成 Unicode 编码，乱码问题从此消失了；但是，如果你写的文本全部是英文的话，用 Unicode 编码比 ASCII 编码需要多一倍的存储空间，在存储和传输上就十分不划算了。

所以，本着节约的精神，又出现了把 Unicode 编码转化为"可变长编码"的 UTF-8 编码。UTF-8 编码把一个 Unicode 字符根据不同的数字大小编码成 1~6 字节，常用的英文字母被编码成 1 字节，汉字通常是 3 字节，只有很生僻的字符才会被编码成 4~6 字节。如果你要传输的文本包含大量英文字符，用 UTF-8 编码就能节省空间。

字符	ASCII	Unicode	UTF-8
A	01000001	0000000001000001	01000001
中	x	0100111000101101	111001001011100010101101

从上面的表格还可以发现，UTF-8 编码有一个额外的好处，就是 ASCII 编码实际上可以被看成是 UTF-8 编码的一部分，所以，大量只支持 ASCII 编码的历史遗留软件可以在 UTF-8 编码下继续工作。

弄清楚了 ASCII、Unicode 和 UTF-8 的关系，我们就可以总结一下现在计算机系统通用的字符编码工作方式了。

在计算机内存中，统一使用 Unicode 编码，当需要保存到硬盘或者需要传输的时候，就转换为 UTF-8 编码。

用记事本编辑的时候，从文件读取的 UTF-8 字符被转换为 Unicode 字符并存入内存，编辑完成后，保存的时候再把 Unicode 转换为 UTF-8 保存到文件中；浏览网页的时候，服务器会把动态生成的 Unicode 内容转换为 UTF-8 格式的，再传输到浏览器。

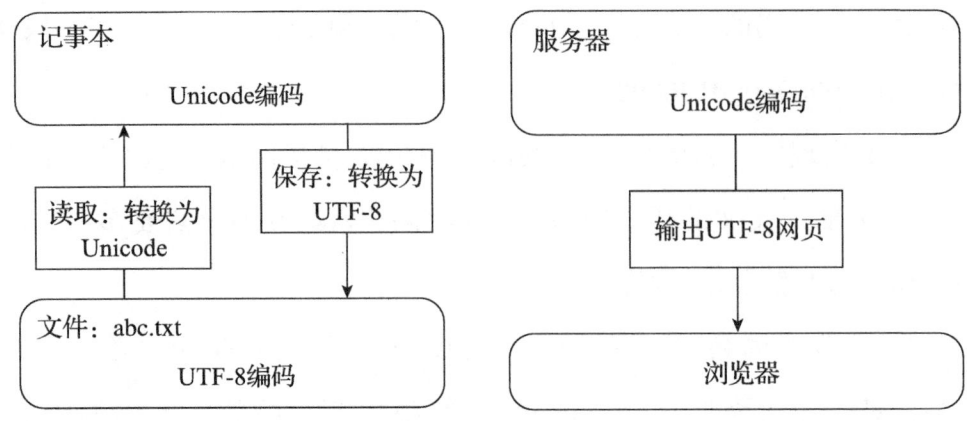

字符串

在 C++ 编程语言中，字符类型变量为 char，若以字符串（即多个连续字符）的形式出现，则借助 char 数组或者 string 来存储，以下是一些与字符串相关的名词。

字典序：设想一本英语字典里的单词，单词的前后顺序应该如何排列？较好的做法是先按照第一个字母，以 a、b、c、…、z 的顺序排列；如果第一个字母一样，那么比较第二个、第三个乃至后面的字母。如果到最后两个单词不一样长（比如，sigh 和 sight），那么把短者排在前。通过这种方法，我们可以给本来不相关的单词强行规定出一个顺序，即字典序。一般而言，若要对两个字符串做大小比较，那么比较规则就是按字典序，字符的大小即为 ASCII 码表编号的大小。

子串：字符串中任意个连续的字符组成的子序列称为该串的子串，空串和字符串自身也是该字符串的子串。

子序列：一个串的子串是指该串的一个连续的局部。如果不要求连续，则可称为它的子序列。

范例精讲

例 1　若串 S = "copyright"，其子串的个数是（　　）。

　　A. 72　　　　　　　　　　B. 45

　　C. 46　　　　　　　　　　D. 36

【正确答案】C

|解析|

子串是连续的局部,包含自身和空串;子序列是不要求连续的。

S 长度为 9,长度为 9、8、7、6、5、4、3、2、1、0 的子串数分别为 1、2、3、4、5、6、7、8、9、1,总共 46 个。

例 2 下列字符中,ASCII 码值最小的是(　　)。

  A. a   B. B

  C. R   D. 1

【正确答案】 D

|解析|

ASCII 码表编号从小到大,先是数字字符,然后是大写字母、小写字母。

赛题训练

1. 以下关于字符串的判定语句中正确的是(　　)。

  A. 字符串是一种特殊的线性表

  B. 串的长度必须大于零

  C. 字符串不可以用数组来表示

  D. 空格字符组成的串就是空串

2. (　　)是一种通用的字符编码,它为世界上绝大部分语言设定了统一并且唯一的二进制编码,以满足跨语言、跨平台的文本交换,目前它已经收录了超过十万个不同字符。

  A. ASCII   B. Unicode

  C. GB2312   D. BIG5

3. 字符串的子串是其连续的局部,字符串自身是其最长的子串,空串是其最短的子串,对于字符串 S = "Microsoft",其非空子串的个数是(　　)。

A. 72　　　　　　　　　　B. 46
C. 45　　　　　　　　　　D. 36

第四节　图像存储

基础知识

计算机中的数字化图像数据有两种存储方式：位图（Bitmap）存储和矢量（Vector）存储。

几个概念

像素：整个图像中不可分割的最小单位或者元素。不可分割的意思是它不能够再切割成更小单位抑或元素。它以一个单一颜色的小方格存在，有一个明确的位置和被分配的颜色，所有小方格的颜色和位置组合起来决定了该图像呈现出来的样子。每一个点阵图像包含了一定量的像素，这些像素决定图像在屏幕上所呈现的大小。

图像的位分辨率：又称为**位深**，用来衡量每个像素存储信息的位数，决定了多少种色彩等级的可能性，所以有时又将位分辨率称为颜色深度。常见的有 8 位、16 位、24 位、32 位和 48 位色彩，即二进制数的位数，如 24 位色彩能组合出一千六百多万（$2^{24} = 16\,777\,216$）种色彩等级，比人眼能分辨的色彩多得多。

屏幕分辨率：指屏幕上显示的像素的个数，如 1024×768 的分辨率指屏幕上水平方向有 1024 个像素点，垂直方向上有 768 个像素点。常见的屏幕分辨率比例如下。

- 4∶3，古老标准，在近代宽屏幕兴起前，绝大部分的屏幕分辨率都是照着这个比例的，如 1024×768。
- 16∶10，常见宽屏比例，如宽屏幕笔记本电脑常见的分辨率为 1440×900。
- 16∶9，高清电视使用的比例，常听到的 720p、1080p 都是这个比例。如 1080p 是 1920×1080、720p 是 1280×720。

像素点距（pixel pitch）：指显示屏相邻两个像素点之间的距离，我们看到的画面是由许多的点组成的，而画质的细腻度就是由点距来决定的。点距越小，图像越细腻。

位图存储

位图图像又称点阵图像、位映射图像，它是由一系列像素组成的可识别的图像。如果把一幅位图图像看成一个二维数组，则数组中的任一元素（即像素）对应于图像中的一个点，而存储的值对应于该点的颜色或者灰度。

特性：

1）位图图像是由固定数目像素组成的任何图像，而无论它有多少色彩。所以，处理内容复杂的图像或者希望得到像真实照片那样的图像，采用位图图像最合适。

2）位图图像的品质与图像分辨率有关。所以，应根据不同的图像品质需要，设置不同的图像分辨率，才能经济、快捷地进行图像处理。

前面提到位图图像需要占用大量的存储空间和较长的处理时间，简单的位图几千字节到几十万字节，而复杂的位图就要占用几十兆字节甚至更大的存储空间。解决的办法：一是采用更大的存储器，如大容量的磁盘、光盘等；二是压缩文件，即用软件重新组织数据，降低位图图像文件的大小。

文件压缩要注意两点：如果采用有损压缩，就会损失部分原始图像的数据，有时这种损失可能会对图像的观赏有一点影响；采用文件压缩时，所采用的压缩格式应是应用软件能兼容的格式。

常见存储格式：

1）BMP 格式，基本不压缩，包含图像信息丰富，虽然不损失数据，但是会占用较大存储空间。

2）JPG/JPEG 格式，由 Joint Photographic Experts Group（联合图像专家组）开发的一种常见的图像文件格式，采用有损压缩，压缩后丢失了部分不引人注目的数据，压缩率高，但重复使用会降低图像的质量并出现人工处理的痕迹，甚至使图像明显地分裂成碎块。不适合放大观看和制成印刷品。虽然该格式压缩比较大，但存储文件较小，所以应用较广。不支持透明度。

3）PNG 格式，即 Portable Network Graphics（便携式网络图形），无损压缩，支持

透明度。简单来讲，JPG/JPEG 适用于低对比、图像颜色过渡平滑、噪声多且结构不规则的情况。PNG 适用于保存文本、线条或类似的边缘清晰且有大块相同颜色区域的图像。又由于无损特质，PNG 格式更加适合保存将要被编辑的图像。对于将要发布的图像可以保存成 JPEG，用 JPEG 编码一次不会造成明显的图像有损。

4）GIF 格式，即 Graphic Interchange Format（图像互换格式），互联网上应用最广的图像文件格式之一，无损压缩，压缩比高，文件占用空间小，支持动画。该格式由于受到 8 位存储格式的限制，因此要求图像中颜色的数量减少到 256 或更少，这是影响文件大小、所占用存储空间的一个主要因素。虽然该格式受到存储格式的限制，但这种限制对于传输速度至关重要的媒体来说十分有利。

总结：

BMP：优点——无损压缩，图质最好；缺点——文件太大，不利于网络传输。

JPG：优点——文件小，利于网络传输；缺点——画质损失，不支持透明度。

PNG：优点——无损压缩，支持透明度；缺点——画质中等，大小中等。

GIF：优点——动画存储格式；缺点——最多 256 色，画质差。

矢量存储

矢量图形不描述图像数据的每一个点，而是描述产生这些点的过程和方法，通过数学方程对图形的边线和内部填充进行描述以建立图形。

矢量图形由各个矢量对象组成，它是利用数学原理将各种矢量对象组合而成的图形，以一组指令的形式存在。这些指令描述图形中所包含的直线、圆、弧线等对象的各种属性，也可以使用更为复杂的形式来表示图像中曲面、光照、材质等效果。图形中的每一个对象都是一个独立的实体，都独立地定义了各自的色彩、形状、轮廓、尺寸以及位置等属性。

特性：

1）由于矢量图形把线段、形状及文本定义为数学方程，因此矢量图形与分辨率无关，图形更为细致、真实。它可以任意改变图形的尺寸而不会导致失真和降低图形的质量。这是矢量图形一个非常有用的特点。

2）由于矢量图形与分辨率无关，因此矢量图形可以自动适应输出设备的最大分辨率。以打印机作为输出设备时，打印机把矢量图形的数学方程变成打印机的像素，无论打印的图形有多大，图形看上去都十分均匀清晰。

3）由于矢量图形是以数学方法描述的图形，它并不存储图形的每一点，而只存储图形内容的轮廓部分，因此矢量图形的存储空间较位图图像的存储空间要小得多。

4）在矢量图形中，文件大小取决于图形中所包含对象的数量和复杂程度，因此矢量图形文件大小与输出图形的大小几乎没有关系，这一点与位图图像正好相反。

5）在矢量图形中可以只编辑其中某个对象而不影响图形中的其他对象。矢量图形中的对象可以互相覆盖而不会互相影响。

常见存储格式：

如 cdr、ai、swf、svg、wmf、emf、eps、dxf 等。

范例精讲

例 1 现有一段 8 分钟的视频文件，它的播放速度是每秒 24 帧图像，每帧图像是一幅分辨率为 2048×1024 像素的 32 位真彩色图像。请问要存储这段原始无压缩视频，需要多大的存储空间？（　　）

A. 30GB 　　　　　　　　B. 90GB

C. 150GB 　　　　　　　 D. 450GB

【正确答案】 B

| 解析 |

连续的图片在很短的时间内依次播出就成了视频，每秒 24 帧即每秒 24 幅图片，8 分钟共 8×60×24 幅图片。

每幅图片分辨率为 2048×1024，即像素点个数；32 位真彩色图像即位深为 32 位，也就是像素点存储颜色信息所需要的空间，那么每幅图片总共需要的空间为 2048×1024×32 位。

视频的大小为 8×60×24×2048×1024×32 位，再转为 GB 单位即可。注意不需要彻底算出来几位存储空间，可以先将计算式写成分数形式，然后分子和分母进行化简即可。

赛题训练

1. 现有一张分辨率为 2048×1024 像素的 32 位真彩色图像。请问要存储这张图像，需要多大的存储空间？（　　　）

   A. 16MB　　　　　　　　　B. 4MB

   C. 8MB　　　　　　　　　 D. 2MB

2. 下列属于图像文件格式的有（　　　）。

   A. WMV　　　　　　　　　B. MPEG

   C. JPEG　　　　　　　　　D. AVI

3. 分辨率为 1600×900、16 位色的位图，存储图像信息所需的空间为（　　　）。

   A. 2812.5KB　　　　　　　B. 4218.75KB

   C. 4320KB　　　　　　　　D. 2880KB

4. 分辨率为 800×600、16 位色的位图，存储图像信息所需的空间为（　　　）。

   A. 937.5KB　　　　　　　 B. 4218.75KB

   C. 4320KB　　　　　　　　D. 2880KB

第五节　浮点数存储

基础知识

（本节知识点尚未在竞赛题目中出现过，属扩展知识。）

小数

小数：实数的一种特殊的表现形式，所有分数都可以表示成小数，小数中的圆点称为小数点，它是一个小数的整数部分和小数部分的分界号。

纯小数：整数部分是零的小数。

带小数：整数部分不是零的小数。

定点数：指小数点在数中的位置是固定不变的，通常有定点整数和定点小数。

浮点数：浮点数中，小数点的位置是不固定的，用阶码和尾数来表示。通常尾数为小数，阶码为整数，尾数和阶码均为带符号数。尾数的符号表示数的正负，阶码的符号则表明小数点的实际位置。浮点数的精度由尾数决定，数的表示范围由阶码决定。

浮点数的表示形式类似于数学中的科学记数法，表示为 $N = M \times R^E$。

其中，N 为浮点数自身，M 为尾数，R 为该浮点数的进制，E 为阶码。

如二进制小数 10011.101，按浮点数形式可表示为 1.0011101×2^4。

其中尾数为 +1.0011101，阶码为 +4。

注意：浮点数并不一定是小数，定点数也并不一定就是整数。

浮点数的存储

复习：

- 二进制数中，正数的反码、补码都是其自身。
- 负数的反码为除符号位，其他位取反，补码为反码 +1。

移码：

即补码的符号位取反，如 4 位二进制数的移码：-1 = 0111，1 = 1001。

0111 在十进制下为 7，1001 在十进制下为 9，相当于给原数加上了 8（2^3）。

速算规律：n 位二进制数的移码相当于加上 2^{n-1}。

在 C/C++ 语言中，存放浮点数的变量类型为 float 和 double，分别占用 32 位、64 位二进制数，其空间的分配规则如下：

	符号位	指数位	尾数位
float	1	8	23
double	1	11	52

以 float 类型数据为例,在 32 位二进制空间中,从左往右:

- 最高位用来表示正负(0 为正数、1 为负数)。
- 之后 8 位指数位用来存储浮点数阶码(阶码的移码减 1,速算偏移为 127)。
- 再之后 23 位用来表示尾数部分(纯小数)。

例如,十进制数 19.625,若以 float 类型存储,二进制数的计算如下:

1)19.625 转换为二进制数为 10011.101,浮点表示为 1.0011101×2^4。

2)正数,所以符号位为 0。

3)阶码为 +4,8 位指数位的移码偏移为 127(2^7-1),4 + 127 = 131 = 10000011B。

4)尾数为 1.0011101,由于所有浮点数的尾数都为 1.××××,所以可将 1 舍去,只存储后边部分 0011101。

三个部分合在一起,得到 19.625 在内存中的存储形式如下:

  0 10000011 00111010000000000000000

符号位(1)	指数位(8)	尾数位(23)
0	10000011	00111010000000000000000

若以 double 类型存储,原理不变,只是指数位变为 11 位,对应的移码偏移为 1023($2^{10}-1$)。

如十进制数 2.5,若以 double 类型存储,二进制数的计算如下:

1)2.5 转换为二进制为 10.1,浮点表示为 1.01×2^1。

2)正数,符号位为 0。

3)阶码为 +1,11 位指数位的移码偏移为 1023,1+1023=1024=10000000000B。

4)尾数为 1.01,舍弃整数 1,存储为 01(之后 50 个 0)。

合在一起,得到 2.5 在内存中的存储形式如下:

  0 10000000000 01(之后 50 个 0)

第三章 算　　法

第一节　时空复杂度

基础知识

算法是问题的解决方案,但一个问题会有很多种算法,通常一个好的算法需要具备以下目标。

1)正确性:对合法输入、非法输入、边界输入都能正确处理,输出合理的结果。

2)可读性:算法应该描述清晰,方便阅读、理解和交流。

3)健壮性:算法应运行一致,对于相同的输入始终输出相同的结果。

4)高效性:算法应占用最少的 CPU 和内存来得到满足的结果,这通过时间复杂度和空间复杂度进行判定。

而算法复杂度则是用来衡量算法的高效性的,简单地说就是:

- 算法运行有多快(时间效率)。
- 内存占用有多少(空间效率)。

然而,运行时间与语言、机器、机器的状态、数据量的大小都有关系,不好横向比较,为此通常使用一个相对度量的概念来衡量算法效率。

时间复杂度

- 大 T 函数 $T(n)$

我们假设其他状态不变,仅当问题规模(数据大小)增大时,指令执行的次数也在增加,那么指令执行次数相对于问题规模来说,会构成一个函数 $T(n)$。

例如,对于以下数组求和的算法 $1 + 2 + 3 + \cdots + n$:

```
int sum = 0;      //指令数为1
for(int i=0; i<n; i++)
    sum += n;     //指令数为n
cout << n;        //指令数为1
```

显然,总的指令数为 $T(n) = n + 2$。

- 大 O 函数 $O(n)$

假设一个算法的 $T(n) = 4n^3 + 2n + 5$。当 n 越来越大时,对于 $T(n)$ 增长的贡献来说,最高阶的 n^3 会占据主导地位,其他项可被忽略。

例如:

$n = 100$ 时,n^3 是 n 的 1 万倍,因此可忽略 $2n$ 的贡献。

当 n 从 100 变成 1000 时,n^3 会增长 1000 倍,此时 $4n^3$ 前面的 4 也可被忽略。

我们一般用大 O 函数来表示最主要的贡献部分,$O(T(n)) = O(n^3)$,也即算法的时间复杂度。

大 O 函数的数学定义:存在正常数 c 和某个规模 $n0$,如果对所有的 $n \geq n0$,都有 $f(n) \leq c\,T(n)$,则称 $f(n)$ 为 $T(n)$ 的大 O 函数,写成 $f(n) = O(T(n))$。

计算方法:对算法(或代码)的指令次数进行计算组成 $T(n)$,只保留最高阶项,然后去掉最高阶项前面的常数。

- 常见大 O 函数

常见大 O 函数的时间排序及示例如下:

函数	名称	例子
$O(1)$	常数阶	交换算法
$O(\log n)$	对数阶	二分查找算法
$O(n)$	线性阶	求和算法
$O(n\log n)$	线性对数阶	快速排序算法

（续）

函数	名称	例子
$O(n^2)$	平方阶	冒泡排序算法
$O(n^c)$	多项式阶 ($c>1$)	多重循环的算法
$O(c^n)$	指数阶	汉诺塔问题
$O(n!)$	阶乘阶	旅行商问题

- 代码示例

$O(n)$ 的例子：输出数组元素。

```
for(int i=0; i<n; i++)
    cout << a[n] << " ";`
```

$O(\log n)$ 的例子：给定 n，求 2 的指数 p，使得 $p \leqslant n < 2p$。

```
int p = 1;
while(p < n) {
    p *= 2;
}
cout << p;
```

$O(n^2)$ 的例子：打印二维数组。

```
for(int i=0; i<n; i++) {
    for(int j=0; j<n; j++)
        cout << a[i][j] << " ";
    cout << endl;
}
```

$O(n\log n)$ 的例子：

```
for(int i=0; i<n; i++)
    for(int j=0; j<n; j *= 2)
        ...
```

$O(2^n)$ 的例子：汉诺塔问题。

递归表达式如下：

1）将 $n-1$ 个盘子从 A 经过 C 移动到 B。

2）将第 n 个盘子从 A 移动到 C。

3）将 $n-1$ 个盘子从 B 经过 A 移动到 C。

显然 $T(n) = 2T(n-1) + 1 = 2(2T(n-2) + 1) + 1 = \cdots$，最高阶项为 2^n，即 $O(2^n)$。

$O(n!)$ 的例子：旅行商问题，即从一个城市出发，经过所有城市后返回出发地，求最短的路径。

如果用朴素算法，第一个城市有 n 种选择，第二个有 $n-1$ 种选择，以此类推，复杂度为 $O(n!)$。

空间复杂度

空间复杂度是对一个算法在运行过程中临时占用存储空间大小的度量。

一个算法在计算机存储器上所占用的存储空间包括：

1）存储算法代码本身所占用的存储空间。

2）算法的输入输出数据所占用的存储空间。

3）算法在运行过程中临时占用的存储空间。

其中，存储算法代码本身所占用的存储空间与算法书写的长短成正比，要压缩这方面的存储空间，就必须编写出较短的算法。

算法的输入输出数据所占用的存储空间是由要解决的问题决定的，它不随算法的不同而改变。

算法在运行过程中临时占用的存储空间因算法的不同而异，有的算法只需要占用少量的临时工作单元，而且不随问题规模的大小而改变，我们称这种算法是"就地"进行的，是节省存储空间的算法；有的算法需要占用的临时工作单元数与解决问题的规模 n 有关，它随着 n 的增大而增大，当 n 较大时，将占用较多的存储单元，如归并排序。

分析一个算法所占用的存储空间要从各方面综合考虑。如对于递归算法来说，一般都比较简短，算法本身所占用的存储空间较少，但运行时需要一个附加栈，从而占用较多的临时工作单元；若写成非递归算法，一般可能比较长，算法本身占用的存储空间较多，但运行时可能需要较少的存储单元。

- $S(n)$

一个算法的空间复杂度只考虑在运行过程中为变量分配的存储空间的大小，记为 $S(n)$，它包括：

1）函数参数表中形参变量分配的存储空间。

2）函数体中定义的局部变量分配的存储空间。

若一个算法为递归算法，其空间复杂度为递归所使用的栈空间的大小，它等于一次调用所分配的临时存储空间的大小乘以被调用的次数。

- 大 O 函数

与时间复杂度类似，算法的空间复杂度一般也以数量级的形式（$O(n)$）给出。

一般而言：

1）当一个算法的空间复杂度 $S(n)$ 为一个常量，即不随被处理数据量 n 的大小而改变时，可表示为 $O(1)$。（如冒泡排序。）

2）当一个算法的空间复杂度 $S(n)$ 与以 2 为底的 n 的对数成正比时，可表示为 $O(\log n)$。

3）当一个算法的空间复杂度 $S(n)$ 与 n 成线性比例关系时，可表示为 $O(n)$。（如归并排序。）

特殊的：

1）若形参为数组，则只需要为它分配一个用于存储由实参传送来的一个地址指针的空间，即一个机器字长空间。

2）若形参为引用方式，则也只需要为其分配用于存储一个地址的空间，即用它来存储对应实参变量的地址，以便由系统自动引用实参变量。

在竞赛里，内存限制一般为 128MB（或 256MB），一般都足够用。

范例精讲

例 1 设某算法的时间复杂度函数的递推方程是 $T(n) = T(n-1) + n$（n 为正整数）及 $T(0) = 1$，则该算法的时间复杂度为（　　）。

A. $O(\log n)$　　　　　　　　B. $O(n\log n)$

C. $O(n)$　　　　　　　　　　D. $O(n^2)$

【正确答案】 D

|解析|

最常考的时间复杂度类型题,计算时记住两点:"代回"和"化简"。

因为 $T(n) = T(n-1) + n$ ……(1)

由(1)式可知 $T(n-1) = T(n-2) + (n-1)$。

代回原式得到 $T(n) = T(n-2) + (n-1) + n$ ……(2)

继续由(1)式可知 $T(n-2) = T(n-3) + (n-2)$。

代入(2)式得到 $T(n) = T(n-3) + (n-2) + (n-1) + n$。

重复这个过程,直到找到等号右侧的规律。较复杂的式子需要适当化简,但不要彻底化简。

直接写题目给定的出口,本题是 $T(0) = 1$,即:

$$T(n) = T(0) + \cdots$$

按照上边找到的规律,补全式子:

$$T(n) = T(0) + 1 + 2 + 3 + \cdots + (n-2) + (n-1) + n$$
$$= 1 + n(n+1)/2 \quad (高斯求和公式)$$

$T(n)$ 的最高阶项是 $O(n^2)$。

赛题训练

1. 若某算法的计算时间表示为递推关系式:

$$T(N) = 2T(N/2) + N\log N$$

$$T(1) = 1$$

则该算法的时间复杂度为(   )。

A. $O(N)$ B. $O(N\log N)$

C. $O(N\log^2 N)$ D. $O(N^2)$

2. 假设某算法的计算时间表示为递推关系式:

$$T(N) = 2T(N/4) + \operatorname{sqrt}(N)$$

$$T(1) = 1$$

则算法的时间复杂度为（　　）。

A. $O(N)$　　　　　　　　　　　B. $O(\text{sqrt}(N))$

C. $O(\text{sqrt}(N) \log N)$　　　　　　D. $O(N^2)$

第二节　十大排序

基础知识

十大排序是指将无序序列变为有序序列的十种常见排序算法，它们分别是：冒泡、选择、插入、希尔、归并、快速、堆、计数、基数、桶。

基础分类

按照完成排序的方式，十种排序算法可分为：

1）比较类排序：

- 交换类：冒泡排序、快速排序。
- 插入类：插入排序、希尔排序。
- 选择类：选择排序、堆排序。
- 归并类：归并排序。

2）非比较类排序：计数排序、桶排序、基数排序。

排序思路

以从小到大排序为例，各排序算法思路如下。

- 冒泡排序：两两比较，顺序不对就交换。
- 选择排序：左无序，右有序。找出无序部分中的最大值，放在最后（交换）。
- 插入排序：左有序，右无序。将无序部分第一个数往前移动，放在第一个比它小的数的后边。

- 希尔排序：插入排序的增量可视为1，在某些极端情况下效率较差。而希尔排序改为设立增量序列，按增量序列执行多次插入排序。
- 归并排序：先分后合，将两个小的有序部分合并为大的有序部分。
- 快速排序：序列中选取基准值，然后分区（比基准值小的放在左侧，大的放在右侧），然后递归每个分区。
- 堆排序：无序部分构建大顶堆，根节点值最大，与最后一个节点交换，重复这个过程，类似于选择排序。
- 计数排序：借助数组下标有序，先存入数组并统计个数，再遍历赋值回原数组。
- 基数排序：设立0~9十个桶数组，待排序数按个位放入桶中，依次拿出，再按十位、百位，重复上述过程。
- 桶排序：通过映射函数将待排序数据分组，对每个组选择合适的排序算法排序后，遍历每个桶，依次赋值回原数组。

稳定性

排序前如果 a 等于 b，a 在 b 的前面，排序后 a 仍在 b 的前面，则称该排序算法稳定。

在十大排序中，稳定排序的有冒泡排序、插入排序、归并排序、计数排序、桶排序、基数排序；不稳定排序的有快速排序、堆排序、选择排序、希尔排序。

速记：不稳定的排序有"快选堆希"。

时空复杂度

（n 表示待排序数据规模，k 表示待排序数据范围，对数以2为底。）

排序算法	时间复杂度（平均）	时间复杂度（最好）	时间复杂度（最差）	空间复杂度
冒泡排序	$O(n^2)$	$O(n)$	$O(n^2)$	$O(1)$
选择排序	$O(n^2)$	$O(n^2)$	$O(n^2)$	$O(1)$
插入排序	$O(n^2)$	$O(n)$	$O(n^2)$	$O(1)$
希尔排序	$O(n^{1.3\sim2})$	$O(n)$	$O(n^2)$	$O(1)$
归并排序	$O(n\log n)$	$O(n\log n)$	$O(n\log n)$	$O(n)$

（续）

排序算法	时间复杂度（平均）	时间复杂度（最好）	时间复杂度（最差）	空间复杂度
快速排序	$O(n\log n)$	$O(n\log n)$	$O(n^2)$	$O(\log n)$
堆排序	$O(n\log n)$	$O(n\log n)$	$O(n\log n)$	$O(1)$
计数排序	$O(n+k)$	$O(n+k)$	$O(n+k)$	$O(k)$
桶排序	$O(n+k)$	$O(n+k)$	$O(n^2)$	$O(n+k)$
基数排序	$O(nk)$	$O(nk)$	$O(nk)$	$O(n+k)$

希尔排序的时间复杂度与增量序列的选取有关，一般用 n 除以 2 一直除到 1 的序列，但不是最优算法。

快速排序的基准值选择不当可能导致时间复杂度退化，解决办法有随机选值（随机选取基准值）、三数取中（头尾中，三数取中间值作为基准值）等。（样例代码见附录 A。）

范例精讲

例 1 冒泡排序算法的伪代码如下。

```
输入：数组L，n ≥ k。
输出：按非递减顺序排序的L。
冒泡排序算法：
  1. FLAG ← n  //标记被交换的最后元素位置
  2. while FLAG > 1 do
  3.     k ← FLAG -1
  4.     FLAG ← 1
  5.     for j=1 to k do
  6.         if L(j) > L(j+1) then do
  7.             L(j) ↔ L(j+1)
  8.             FLAG ← j
```

对 n 个数用以上冒泡排序算法进行排序，最少需要比较多少次？（　　）

A. n^2 B. $n-2$

C. $n-1$ D. n

【正确答案】 C

| 解析 |

首先要看懂伪代码，箭头表示赋值，算法实现了从小到大排序，同时是优化过了的冒泡排序。最好情况下数组本就是升序，一轮即可完成排序，n 个数比较 $n-1$ 次。

例2 设 A 和 B 是两个长为 n 的有序数组，现在需要将 A 和 B 合并成一个排好序的数组。那么，任何以元素比较作为基本运算的归并算法，在最坏情况下至少要做多少次比较？（　　）

A. n^2　　　　　　　　　　B. $n\log n$

C. $2n$　　　　　　　　　　D. $2n-1$

【正确答案】 D

| 解析 |

归并排序的最坏情况问题。归并排序的核心操作是两个小的有序数组合并为大的有序数组，比较次数最多的情况是交叉赋值，如 [1, 3, 5, 7] 和 [2, 4, 6, 8] 的合并，比较了 $2n-1$ 即 7 次。

赛题训练

1. 排序的算法很多，若按排序的稳定性和不稳定性分类，则（　　）是不稳定排序。

    A. 冒泡排序　　　　　　　　B. 插入排序

    C. 快速排序　　　　　　　　D. 归并排序

2. 以下排序算法中，不需要进行关键字比较操作的算法是（　　）。

    A. 基数排序　　　　　　　　B. 冒泡排序

    C. 堆排序　　　　　　　　　D. 插入排序

3. 以下排序算法中，最好情况下最快的是（　　）。

A. 快速排序　　　　　　　　B. 冒泡排序

C. 堆排序　　　　　　　　　D. 归并排序

第三节　其他算法

范例精讲

例1　设 A 是 n 个实数的数组，考虑下面的递归算法：

```
XYZ (A[1..n])
1.    if n= 1 then return A[1]
2.       else temp ← XYZ (A[1..n-1])
3.          if temp < A[n]
4.             then return temp
5.             else return A[n]
```

请问算法 XYZ 的输出是什么？（　　）

A. A 数组的平均　　　　　　B. A 数组的最小值

C. A 数组的中值　　　　　　D. A 数组的最大值

【正确答案】　B

| 解析 |

递归函数返回的是数组 A 内 1~n 之间的某个值，实现方法是先返回 1~n-1 之间的值并赋值给 temp（伪代码第 2 行），再拿 temp 和第 n 个数比较，返回较小值，所以最终递归函数返回的是数组 A 内 1-n 之间的最小值。

例2　以下哪些算法不属于贪心算法？（　　）

A. Dijkstra 算法　　　　　　B. Floyd 算法

C. Prim 算法　　　　　　　　D. Kruskal 算法

【正确答案】　B

| 解析 |

A 是最短路径算法，贪心思想；B 是最短路径算法，动态规划思想；C 和 D 是最小生成树算法，贪心思想。

例 3 设有 100 个已排好序的数据元素，采用折半查找时，最大比较次数为（　　）。

A. 7　　　　　　　　　　　B. 10

C. 6　　　　　　　　　　　D. 8

【正确答案】 A

| 解析 |

折半查找即二分查找，因为是排好序的数组，每次只查看中间位置的元素即可，若不是要找的元素，则根据大小关系排除左边或右边，一次排除一半的可能性，最多 $\log n$ 次，即 $2^x \geq 100$，x 为 7。

例 4 给定一个含 N 个不相同数字的数组，在最坏情况下，找出其中最大或最小的数，至少需要 $N-1$ 次比较操作。则最坏情况下，在该数组中同时找最大与最小的数至少需要（　　）次比较操作。（$\lceil\ \rceil$ 表示向上取整，$\lfloor\ \rfloor$ 表示向下取整。）

A. $\lceil 3N/2 \rceil - 2$　　　　　　B. $\lfloor 3N/2 \rfloor - 2$

C. $2N - 2$　　　　　　　　D. $2N - 4$

【正确答案】 A

| 解析 |

单从比较次数上来看，同时查找最大值和最小值有一个较为特殊的方法，即将序列分为数量相等的两部分，先拿各部分的第一个数进行比较（1 次），大的确定为大值，小的确定为小值。接下来各部分剩余的数（$N/2-1$ 个）对应位置先做比较（$N/2-1$ 次），大的再和大值比较（$N/2-1$ 次），小的再和小值比较（$N/2-1$ 次）。

总共 $(N/2-1) \times 3 + 1 = 3N/2 - 2$ 次，要优于普通方法的 $2N-2$ 次。

例5 在 n（$n \geq 3$）枚硬币中有一枚质量不合格的硬币（质量过轻或质量过重），如果只有一架天平可以用来称重且称重的硬币数没有限制，下面是找出这枚不合格硬币的算法。请把 a～c 三行代码补全到算法中。

a. A←X∪Y　　　　　　　　b. A←Z

c. n ← |A|

算法Coin(A, n)：
1. k←⌊n/3⌋
2. 将A中硬币分成X、Y、Z三个集合，使得|X| = |Y| = k, |Z| = n - 2k
3. if W(X)≠W(Y)　　　//W(X)、W(Y)分别为X和Y的重量
4. then _____
5. else _____
6. _____
7. if n>2 then goto 1
8. if n=2 then任取A中1枚硬币与拿走硬币比较，若不等，则它不合格；若相等，则A中剩下的硬币不合格
9. if n=1 then A中硬币不合格

正确的填空顺序是（　　）。

A. b, c, a　　　　　　　　B. c, b, a

C. c, a, b　　　　　　　　D. a, b, c

【正确答案】 D

| 解析 |

算法思路是将所有硬币均分为三份 X、Y、Z（不能均分则前两份数量相等），然后天平称 X 和 Y，重量相等说明假币在 Z 中，排除 X 和 Y；重量不相等说明假币在 X 或 Y 中，排除 Z。排除掉一部分后，再重新合在一起分成新的三份，重复以上过程即可。

例6 以比较作为基本运算，在 N 个数中找最小数的最少运算次数为（　　）。

A. N　　　　　　　　B. N–1

C. N^2 D. $\log N$

【正确答案】 B

|解析|

最小值模式，定义一个变量，先让其等于第一个，再与剩下的数依次比较，比较中保持该变量始终最小，循环结束后该变量即为最小值。总共比较 $N-1$ 次。

例 7 给定含有 n 个不同的数的数组 $L = <x_1, x_2, x_3, \cdots, x_n>$。如果 L 中存在 x_i（$1 < i < n$），使得 $x_1 < x_2 < x_3 < \cdots < x_{i-1} < x_i > x_{i+1} > x_{i+2} > \cdots > x_n$，则称 L 是单峰的，并称 x_i 是 L 的峰顶。现在已知 L 是单峰的，请把 a～c 三行代码补全到算法中使得算法正确找到 L 的峰顶。

a. Search(k+1, n)   b. Search(1, k-1)

c. return L[k]

```
Search(1, n):
1. k←[n/2]
2. if L[k] > L[k-1] and L[k] > L[k+1]
3. then _____
4. else if L[k] > L[k-1] and L[k] < L[k+1]
5. then _____
6. else _____
```

正确的填空顺序是（　　）。

A. c, a, b   B. c, b, a

C. a, b, c   D. b, a, c

【正确答案】 A

|解析|

算法思路为二分法，判断序列中间元素 $L[k]$ 处在峰左还是峰右。若在峰左，则排除 k 左侧值，递归右侧；若在峰右，排除 k 右侧值，递归左侧。重复这个过程直到找到峰顶。

第四章　数学知识

第一节　排列组合

基础知识

排列组合是组合学最基本的概念。

所谓排列，就是指从给定个数的元素中取出指定个数的元素进行排序。

组合则是指从给定个数的元素中仅仅取出指定个数的元素，不考虑排序。

排列组合的中心问题是研究给定要求的排列和组合可能出现的情况的总数。

定义与公式

排列：从 n 个不同元素中，任取 m（$m \leq n$，m 与 n 均为自然数，下同）个不同的元素按照一定的顺序排成一列，称作从 n 个不同元素中取出 m 个元素的一个排列；从 n 个不同元素中取出 m（$m \leq n$）个元素的所有排列的个数，称作从 n 个不同元素中取出 m 个元素的排列数，用符号 $A(n, m)$ 或 A_n^m 表示。计算公式如下：

$$A_n^m = \frac{n!}{(n-m)!}$$

组合：从 n 个不同元素中，任取 m（$m \leq n$）个元素并成一组，称作从 n 个不同元素中取出 m 个元素的一个组合；从 n 个不同元素中取出 m（$m \leq n$）个元素的所有组合的个数，称作从 n 个不同元素中取出 m 个元素的组合数。用符号 $C(n, m)$ 或 C_n^m 表示。计算公式如下：

$$C_n^m = \frac{A_n^m}{m!} = \frac{n!}{m!(n-m)!}$$

基本计数原理

加法原理：做一件事，完成它可以有 n 类办法，在第一类办法中有 m_1 种不同的方法，在第二类办法中有 m_2 种不同的方法……在第 n 类办法中有 m_n 种不同的方法，那么完成这件事共有 $N = m_1 + m_2 + m_3 + \cdots + m_n$ 种不同的方法。

乘法原理：做一件事，完成它需要分成 n 个步骤，做第一步有 m_1 种不同的方法，做第二步有 m_2 种不同的方法……做第 n 步有 m_n 种不同的方法，那么完成这件事共有 $N = m_1 \times m_2 \times m_3 \times \cdots \times m_n$ 种不同的方法。

范例精讲

例1 从一个 4×4 的棋盘中选取不在同一行也不在同一列上的两个方格，共有（　　）种方法。

A. 60　　　　　　　　B. 72

C. 86　　　　　　　　D. 64

【正确答案】 B

|解析|

对每个位置来说，与其不在同行同列的方格有 3×3 = 9 个，总共 4×4 = 16 个位置，也就是说有 16×9 种，但是会重复一遍（A 和 B，B 又和 A），所以为 16×9/2 = 72 种。

例2 5 个小朋友并排站成一列，其中有两个小朋友是双胞胎，如果要求这两个双胞胎必须相邻，则有（　　）种不同的排列方法？

A. 48　　　　　　　　B. 36

C. 24　　　　　　　　D. 72

【正确答案】 A

|解析|

双胞胎看成一个人，问题变成了4个人的排列问题，共 $A(4,4) = 24$ 种，另外，双胞胎内部的排列有 $A(2,2) = 2$ 种，所以共 $24 \times 2 = 48$ 种。

例3 有5副不同颜色的手套（共10只手套，每副手套左右手各1只），一次性从中取6只手套，请问恰好能配成两副手套的不同取法有（　　）种。

A. 120　　　　　　　　B. 180

C. 150　　　　　　　　D. 30

【正确答案】 A

|解析|

首先是确定两副凑成一对的手套的颜色组合，有 $C(5,2) = 10$ 种。接下来是不成一副手套的两只手套的选择，同样先确定颜色组合，有 $C(3,2) = 3$ 种取法，再有左右手之分，每种颜色下又有 $C(2,1) = 2$ 种取法，总共 $10 \times 3 \times 2 \times 2 = 120$ 种。

例4 由数字1、1、2、4、8、8所组成的不同的4位数的个数是（　　）。

A. 104　　　　　　　　B. 102

C. 98　　　　　　　　D. 100

【正确答案】 B

|解析|

因为存在相同值，不能一次性考虑完，应该分情况讨论。

- 1、2、4、8组成的4位数：$A(4,4) = 24$ 种。
- 1、1、2、4、8组成的4位数（必有两个1）：先从2、4、8这三个数中选两个，此外要去除两个1内部的重复排列，共 $C(3,2)A(4,4) / A(2,2) = 36$。

- 1、2、4、8、8组成的4位数（必有两个8）：道理同上，36种。
- 1、1、8、8组成的4位数：考虑两个1和两个8各自内部重复的排列，共 $A(4,4) / (A(2,2) \times A(2,2)) = 6$ 种。

总共：24 + 36 + 36 + 6 = 102。

例5 一些数字可以颠倒过来看，例如0、1、8颠倒过来还是它本身，6颠倒过来是9，9颠倒过来看是6，其他数字颠倒过来都不构成数字。

与此类似，一些多位数也可以颠倒过来看，比如106颠倒过来是901。假设某个城市的车牌只由5位数字组成，每一位都可以取0到9。

请问这个城市最多有多少个车牌倒过来恰好还是原来的车牌？（　　）

A. 60　　　　　　　　　　B. 125

C. 75　　　　　　　　　　D. 100

【正确答案】 C

|解析|

首先只有0、1、8、6、9这几个数参与到车牌中，其余数字均不符合要求。
- 车牌第1位可以是0、1、8、6、9，5种可能性。
- 车牌第2位可以是0、1、8、6、9，5种可能性。
- 车牌第3位可以是0、1、8，3种可能性。
- 车牌第4位根据第2位而定，没有别的可能性。
- 车牌第5位根据第1位而定。

共 5×5×3 = 75 种。

例6 同上例，假设某个城市的车牌只有5位数字，每一位都可以取0到9。请问这个城市有多少个车牌倒过来恰好还是原来的车牌，并且车牌上的5位数能被3整除？（　　）

A. 40　　　　　　　　　　B. 25

C. 30   D. 20

【正确答案】 B

|解析|

因为 0、1、8 三个数除以 3 的余数是 0、1、2，后者是模 3 的所有余数（完全剩余系），也就是说，不管其余四位数的和是几，都能选择加上 0、1、8 中的一个数从而变成 3 的倍数，这样车牌第 3 位也就只剩 1 种可能了，共 5×5 = 25 种。

例 7 设含有 10 个元素的集合的全部子集数为 S，其中由 7 个元素组成的子集数为 T，则 T/S 的值为（   ）。

A. 5 / 32   B. 15 / 128

C. 1 / 8   D. 21 / 128

【正确答案】 B

|解析|

每个元素有选入子集和不选入子集两种选择，10 个元素就有 $2^{10} = 1024$ 种选择，即 $S = 1024$。$T = C(10, 7) = C(10, 3) = 120$。$T/S = 120/1024 = 15/128$。

例 8 相同与不同、空与不空问题。

盒子不空：

（1）5 个**不同**的小球放入 3 个**不同**的盒子（每盒不空），一共有多少种放法？

$$\frac{C_5^2 C_3^2}{A_2^2} A_3^3 + \frac{C_5^1 C_4^1}{A_2^2} A_3^3 = 150$$

（2）5 个**不同**的小球放入 3 个**相同**的盒子（每盒不空），一共有多少种放法？

$$\frac{C_5^2 C_3^2}{A_2^2} + \frac{C_5^1 C_4^1}{A_2^2} = 25$$

（3）5 个**相同**的小球放入 3 个**不同**的盒子（每盒不空），一共有多少种放法？

$$C_4^2 = 6$$

（4）5 个相同的小球放入 3 个相同的盒子（每盒不空），一共有多少种放法？

$$1+1=2$$

| 解析 |

（1）5 个球放入 3 个盒子不能空，小球数量的组合有 "221" 和 "113" 两种。

"221" 的情况下：$C(5, 2) \times C(3, 2) \times C(1, 1)$，两个 2 要考虑去掉内部重复 $A(2, 2)$，又因盒子不同再乘 3 个盒子的排列数 $A(3, 3)$，"113" 同理。

（2）与第 1 题相同，因盒子相同不用再乘排列数。

（3）5 个 "相同" 放入 3 个 "不同"，且不能空，可以看作在 5 个小球之间的 4 个缝隙中插入两个隔板，将它分为 3 份（隔板法，如球 | 球球 | 球球），4 个缝隙选 2 个插入隔板，即 $C(4, 2)$。

（4）"相同" 放 "相同" 需要手动模拟，一般数据量不大，模拟时注意不要漏掉一些情况，像多重循环一样去模拟即可。因盒子相同，113 和 311 是同种情况，即不需要考虑顺序，所以可以通过规定顺序（比如从小到大）来减少模拟量。

盒子 1	盒子 2	盒子 3	结果
1	1	3	√
1	2	2	√
1	3	1	重复（盒子相同）
2	1	2	重复
2	2	1	重复
3	1	1	重复

例 9　相同与不同、空与不空问题。

盒子可空：

（1）5 个**不同**的小球放入 3 个**不同**的盒子（可有空盒），一共有多少种放法？

$$3^5 = 243$$

（2）5 个**不同**的小球放入 3 个**相同**的盒子（可有空盒），一共有多少种放法？

$$1 + C_5^1 + C_5^2 + \frac{C_5^2 C_3^2}{A_2^2} + \frac{C_5^1 C_4^1}{A_2^2} = 41$$

（3）5个相同的小球放入3个不同的盒子（可有空盒），一共有多少种放法？

$$C_7^2 = 21$$

（4）5个相同的小球放入3个相同的盒子（可有空盒），一共有多少种放法？

$$1 + 2 + 2 = 5$$

| 解析 |

（1）每个小球有三个选择（放入1、放入2、放入3），总共 3^5 种放法。

（2）分情况：

- 空1个盒子：小球数量1、4，$C(5,1)$ 种；小球数量2、3，$C(5,2)$ 种。
- 空2个盒子：全放入了1个盒子，就一种情况。
- 不空：同例8中的（2）。

（3）"5相同"放"3不同"，可空。问题可以转化为"8相同"放"3不同"，不可空（相当于每个盒子事先都放入1个小球，变成不可空的问题），然后用隔板法，7个缝隙选2个插入隔板。

（4）手动模拟，分空1个、空2个和不空三种情况。

赛题训练

1. 10个三好学生名额分配到7个班级，每个班级至少有一个名额，一共有（　　）种不同的分配方案。

   A. 84　　　　　　　　　B. 72

   C. 56　　　　　　　　　D. 504

2. 把8个同样的球放在5个同样的袋子里，允许有的袋子空着，共有（　　）种不同的分法？

   （提示：如果8个球都放在一个袋子里，无论是哪个袋子，都只算同一种分法。）

A. 22　　　　　　　　　　　　B. 24

C. 18　　　　　　　　　　　　D. 20

3. 将 7 个名额分给 4 个不同的班级，允许有的班级没有名额，有（　　）种不同的分配方案。

A. 60　　　　　　　　　　　　B. 84

C. 96　　　　　　　　　　　　D. 120

4. 甲、乙、丙三位同学选修课程，从 4 门课程中，甲选修 2 门，乙、丙各选修 3 门，则不同的选修方案共有（　　）种。

A. 36　　　　　　　　　　　　B. 48

C. 96　　　　　　　　　　　　D. 192

5. 有 7 个一模一样的苹果，放到 3 个一模一样的盘子中，一共有（　　）种放法。

A. 7　　　　　　　　　　　　B. 8

C. 21　　　　　　　　　　　　D. 3^7

第二节　鸽巢原理

基础知识

"鸽巢原理"又称"抽屉原理"，是组合数学中一个重要的原理，最先由 19 世纪的德国数学家狄利克雷运用于解决数学问题，所以又称"狄利克雷原理"。

第一抽屉原理

原理 1：把多于 n 个物体放到 n 个抽屉里，则至少有一个抽屉里的物体不少于两个。

原理 2：把多于 $mn+1$（n 不为 0）个物体放到 n 个抽屉里，则至少有一个抽屉里

有不少于 $m+1$ 个物体。

原理3：把无数个物体放入 n 个抽屉，则至少有一个抽屉里有无数个物体。

第二抽屉原理

把 $mn-1$ 个物体放入 n 个抽屉中，其中必有一个抽屉中至多有 $m-1$ 个物体。

原理应用

- 把10个苹果任意分放在9个抽屉里，则至少有一个抽屉里含有两个或两个以上的苹果。
- 一年有365天，现有366人，则至少有两人同一天生日。
- 抽屉中有10双手套，从中取11只出来，其中至少有两只是完整配对的。

范例精讲

例1 5种颜色的袜子各15只混装在箱子里，试问无论如何取，从箱子中至少取几只袜子，就能保证有3双袜子。（袜子无左右之分。）

| 解析 |

首先保证不成对地取5只袜子，再取1只（6）成第1对，再取刚成对的那个颜色（7），这次取不会导致成对，再取1只成第2对（8），再取刚成对的那个颜色（9），最后取1只成第3对（10），总共10只。

例2 有35个球，红、白、黄各10个，另外有3个蓝色、2个绿色，试问无论如何取，至少取几个小球就能保证有4个同色球。

| 解析 |

鸽巢原理的题做起来就像是玩一个游戏，在不达成题目条件的情况下，尽可能地多取。本题中，先取完蓝色和绿色（5），再红、白、黄各取3个（14），最后红、白、黄随便取1个（15），总共15个。

例 3 在平面坐标系上任取 n 个整点（横纵坐标都是整数），其中一定存在两个点，它们连线的中点也是整点，那么 n 至少是几？

| 解析 |

(x_1, y_1)、(x_2, y_2) 两个点的中点坐标是 $((x_1+x_2)/2, (y_1+y_2)/2)$。

除 2 后为整数说明除之前是偶数，在数字中：

- 奇数 + 奇数 = 偶数。
- 偶数 + 偶数 = 偶数。
- 奇数 + 偶数 = 奇数。

所以相加时保证横纵坐标中有一对"奇数 + 偶数"就行。

可选出 4 个点：（奇数，偶数）、（偶数，奇数）、（奇数，奇数）、（偶数，偶数），这 4 个点任意两点之间的中点都不是整点，再随便加一个点就会出现中点是整点的连线，所以 n 至少是 5。

赛题训练

1. 一副纸牌除掉大小王有 52 张牌，四种花色，每种花色 13 张。假设从这 52 张牌中随机抽取 13 张纸牌，则至少（　　）张牌的花色一致。

   A. 4　　　　　　　　　　B. 2
   C. 3　　　　　　　　　　D. 5

第三节　容斥原理

基础知识

在计数时，必须注意没有重复，没有遗漏。为了使重叠部分不被重复计算，人们研究出一种新的计数方法，这种方法的基本思想是：先不考虑重叠的情况，把包含于某内容中的所有对象的数目先计算出来，然后再把计数时重复计算的数目排斥出去，使得计算的结果既无遗漏又无重复，这种计数的方法称为容斥原理。

基本计算公式

$|A \cup B| = |A| + |B| - |A \cap B|$

$|A \cup B \cup C| = |A| + |B| + |C| - |A \cap B| - |A \cap C| - |B \cap C| + |A \cap B \cap C|$

（A、B、C为集合，$|A|$表示A集合内成员数量，运算为并集和交集。）

> **范例精讲**

例1 某校六（1）班有学生45人，每人在暑假里都参加体育训练队，其中参加足球队的有25人，参加排球队的有22人，参加游泳队的有24人，足球、排球都参加的有12人，足球、游泳都参加的有9人，排球、游泳都参加的有8人，问：三项都参加的有多少人？

【答案】 $25+22+24-12-9-8+X=45$，解得$X=3$。

|解析|

参加足球队的人数25人为A类元素，参加排球队的人数22人为B类元素，参加游泳队的人数24人为C类元素，既是A类又是B类的为足球、排球都参加的12人，既是B类又是C类的为足球、游泳都参加的9人，既是C类又是A类的为排球、游泳都参加的8人，三项都参加的人数设为X。注意：这个题说的每人都参加了体育训练队，所以这个班的总人数即为A类、B类和C类去重后的总和。

例2 分母是1001的最简分数一共有多少个？

|解析|

这一题实际上就是找分子中不能与1001进行约分的数。由于$1001 = 7 \times 11 \times 13$（质因子分解），所以就是找不能被7、11、13整除的数。

在 1～1001 中，是 7 的倍数的有 1001/7 = 143 个；是 11 的倍数的有 1001/11 = 91 个；是 13 的倍数的有 1001/13 = 77 个；另外，是 7×11 = 77 的倍数的有 1001/77 = 13 个；是 7×13 = 91 的倍数的有 1001/91 = 11 个，是 11×13 = 143 的倍数的有 1001/143 = 7 个；是 7×11×13 = 1001 的倍数的有 1 个。

由容斥原理知：在 1～1001 中，能被 7 或 11 或 13 整除的数有（143 + 91 + 77）-（13 + 11 + 7）+ 1 = 281 个，从而不能被 7、11 或 13 整除的数有 1001 - 281 = 720 个。也就是说，分母为 1001 的最简分数有 720 个。

赛题训练

1. 一次期末考试，某班有 15 人数学得满分，有 12 人语文得满分，并且有 4 人语、数都是满分，那么这个班至少有一门得满分的同学有多少人？（　　）

   A. 23　　　　　　　　　　B. 21
   C. 20　　　　　　　　　　D. 22

2. 10 000 以内，与 10 000 互质的正整数有（　　）个。

   A. 2000　　　　　　　　　B. 4000
   C. 6000　　　　　　　　　D. 8000

第四节　概　　率

基础知识

概率

概率，亦称"或然率"，它是反映随机事件出现的可能性大小。随机事件是指在相同条件下，可能出现也可能不出现的事件。例如，从一批有正品和次品的商品中随意抽取一件，"抽得的是正品"就是一个随机事件。设对某一随机现象进行了 n 次试验与观察，其中 A 事件出现了 m 次，即其出现的频率为 m/n。经过大量反复试验，常有 m/n 越来越接近于某个确定的常数（此论断证明详见伯努利大数定律）。该常数即为事件 A 出现的概率，常用 $P(A)$ 表示。

如果一个试验满足以下两条：

1）试验只有有限个基本结果。

2）试验的每个基本结果出现的可能性是一样的。

此类试验被称作古典试验，对于古典试验中的事件 A，它的概率定义为 $P(A) = m/n$。其中 n 表示该试验中所有可能出现的基本结果的总数目。m 表示事件 A 包含的试验基本结果数，这种定义概率的方法称为概率的古典定义。

例如：计算掷骰子得到点数大于 3 的概率。

点数可能是 1、2、3、4、5、6，即基本结果数为 6；大于 3 的点数有 4、5、6，即事件包含的基本结果数为 3，概率为 1/2。

事件

在一个特定的随机试验中，称每一个可能出现的结果为一个基本事件，全体基本事件的集合称为基本空间，以摇骰子为例，事件可分为以下几类：

- 必然事件：在试验中必定会发生的事件（摇出骰子上的数字大于 0）。
- 随机事件：在一定的条件下可能发生也可能不发生的事件（如摇出骰子上的数字是 1）。
- 互斥事件：不可能同时发生的两个事件（如摇出骰子上的数字是 1 与摇出骰子上的数字是 2）。
- 对立事件：两个事件中必有一个发生的互斥事件（如摇出骰子上的数字大于 3 与摇出骰子上的数字小于或等于 3）。

期望

在概率论和统计学中，数学期望（mean 或均值，亦简称期望）是试验中每次可能出现的结果的概率乘以该结果的总和，是最基本的数学特征之一。它反映了随机变量平均取值的大小。

需要注意的是，期望值并不一定等同于常识中的"期望"——"期望值"也许与每一个结果都不相等。期望值是该变量输出值的平均数。期望值并不一定包含在变量的输出值集合里。

通俗来说，如果一件事情发生的概率为1/100，那么100次试验中该事情"应该"会发生1次，这个发生1次的估计值就是期望。而实际上，100次试验中该事情有可能1次也没发生，也有可能发生多次。

大数定律规定，随着重复次数接近无穷大，数值的算术平均值几乎肯定地**收敛**于期望值。

举例来讲：某城市有10万个家庭，没有孩子的家庭有1000个，有一个孩子的家庭有9万个，有两个孩子的家庭有6000个，有3个孩子的家庭有3000个。

将此城市中任一个家庭中孩子的数目看作一个随机变量，记为 X。它可能的取值有0、1、2、3。其中，X 取0的概率为0.01，取1的概率为0.9，取2的概率为0.06，取3的概率为0.03。

则它的数学期望 $E(X) = 0 \times 0.01 + 1 \times 0.9 + 2 \times 0.06 + 3 \times 0.03 = 1.11$，即此城市一个家庭平均有小孩1.11个，当然人不可能用1.11个来算，约等于2个。

范例精讲

例1 小明要去南美洲旅游，一共乘坐三趟航班才能到达目的地，其中第1个航班准点的概率是0.9，第2个航班准点的概率为0.8，第3个航班准点的概率为0.9。如果存在第 i 个（$i = 1, 2$）航班晚点，第 $i+1$ 个航班准点，则小明将赶不上第 $i+1$ 个航班，旅行失败；除了这种情况，其他情况下旅行都能成功。请问小明此次旅行成功的概率是（　　）。

A. 0.5
B. 0.648
C. 0.72
D. 0.74

【正确答案】 D

|解析|

倒着算要容易一些，找询问事件的对立事件，即旅行失败的概率，失败的情况有：

- 一晚二准三随便，第一趟晚点，第二趟准点，第三趟任意，概率为 $0.1 \times 0.8 \times 1$。
- 一随便二晚三准，概率为 $1 \times 0.2 \times 0.9$。

P（失败的概率）$= 0.1 \times 0.8 + 0.2 \times 0.9 = 0.26$

P（成功的概率）$= 1 - 0.26 = 0.74$

例 2 一家四口人，至少两个人的生日属于同一月份的概率是（　　）。（假定每个人的生日属于每个月份的概率相同且不同人之间相互独立。）

A. 1/12
B. 1/144
C. 41/96
D. 3/4

【正确答案】 C

|解析|

反着算比较好算，"至少两个人的生日属于同一月份"的对立事件是"所有人的生日都不在同一月份"。

第一个人有 12 种选择，第二个有 11 种，第三个有 10 种，第四个有 9 种。

P（都不在同一月份）$= 12 \times 11 \times 10 \times 9 / (12 \times 12 \times 12 \times 12) = 55/96$

P（至少两个人的生日属于同一月份）$= 1 - 55/96 = 41/96$

赛题训练

1. 在一条长度为 1 的线段上随机取两个点，则以这两个点为端点的线段的期望长度是（　　）。

A. 1 / 2 　　　　　　　　　　B. 1 / 3

C. 2 / 3 　　　　　　　　　　D. 3 / 5

2. 假设一台抽奖机中有红、蓝两色的球，任意时刻按下抽奖按钮，都会等概率获得红球或蓝球之一。有足够多的人每人都用这台抽奖机抽奖，假如他们的策略均为：抽中蓝球则继续抽球，抽中红球则停止。最后每个人都把自己获得的所有球放到一个大箱子里，最终大箱子里的红球与蓝球的比例接近于（　　）。

A. 1∶2 　　　　　　　　　　B. 2∶1

C. 1∶3 　　　　　　　　　　D. 1∶1

3. 欢乐喷球：儿童游乐场有个游戏叫"欢乐喷球"，正方形场地中心能不断喷出彩色乒乓球，以场地中心为圆心还有一个圆形轨道，轨道上有一列小火车在匀速运动，火车有六节车厢。

假设乒乓球等概率落到正方形场地的每个地点，包括火车车厢。小朋友玩这个游戏时，只能坐在同一节火车车厢里，可以在自己的车厢里捡落在该车厢内的所有乒乓球，每个人每次游戏有三分钟时间，则一个小朋友独自玩一次游戏期望可以得到（　　）个乒乓球。假设乒乓球喷出的速度为2个/秒，每节车厢的面积是整个场地面积的1/20。

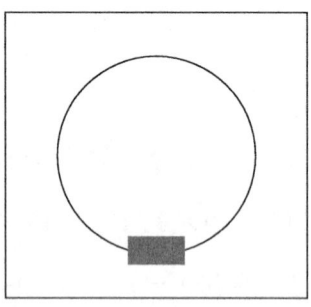

A. 60 　　　　　　　　　　B. 108

C. 18 　　　　　　　　　　D. 20

第五章　数据结构

第一节　数据结构基础

基础知识

数据结构是指计算机存储、组织数据的方式，是相互之间存在一种或多种特定关系的数据元素的集合。简单来讲数据结构是以某种特殊的方式存储数据的容器。这种"存储方式"决定了一个数据结构对于某些操作是高效的，而对于其他操作则是低效的。我们需要了解各种数据结构的优劣和原理，这样才能在处理实际问题时选取最合适的数据结构。

数据结构的主要研究内容包含三点：逻辑结构、物理结构、操作。

逻辑结构

逻辑结构指理论上数据呈现的结构，即数据想象中的样子，应便于分析传递，一般口头说的数据结构即逻辑结构。根据数据元素之间的关系，常见的逻辑结构如下。

- 集合结构：该结构的数据元素之间的关系是"属于同一个集合"。
- 线性结构：该结构的数据元素之间存在着一对一的关系。
- 树形结构：该结构的数据元素之间存在着一对多的关系。
- 图形结构：该结构的数据元素之间存在着多对多的关系，也称网状结构。

物理结构

物理结构指数据在计算机中的存储方式，常见的存储方式如下。

- 顺序存储：最基本的存储结构，在计算机中用一组地址连续的存储单元依次存储线性数据结构的各个数据元素，如数组。

  特点：可随机存取（直接访问到结构中的任意位置）；插入和删除要移动的元素。

- 链式存储：在计算机中用一组任意的存储单元存储线性表的数据元素（这组存储单元可以是连续的，也可以是不连续的）。它不要求逻辑上相邻的元素在物理位置上也相邻，节点间的逻辑关系是由附加的指针字段表示的，如链表。

  特点：每个节点由数据域和指针域构成；逻辑相邻不一定物理相邻；插入和删除方便；查找节点要慢于顺序存储；不能随机访问；存储密度小。

- 索引存储：除建立存储节点信息外，还建立附加的索引表来标识节点的地址。索引表由若干索引项组成，如果每个节点在索引表中都有一个索引项，该索引表就被称为稠密索引。若一组节点在索引表中只对应于一个索引项，则该索引表就称为稀疏索引。索引项的一般形式为关键字、地址。常见于数据库中。

  特点：检索速度快；索引表占用额外空间。

- 散列存储：又称哈希（hash）存储，将要存储元素的关键值与存储的物理位置通过散列函数建立联系，即直接根据关键值计算出要存入的位置，如哈希表（散列表）。

  特点：访问速度快；散列函数与存储空间需要协调好。

操作

操作是指数据结构所应该支持的操作，即编程实现一个数据结构时所应该支持的功能，要使用一个数据结构只能通过它所支持的功能去使用。在竞赛中一般通过引用标准模板库（STL）中的头文件来使用一些数据结构，如 <stack>、<queue> 等。

赛题训练

1. 线性表若采用链表存储结构，要求内存中的可用存储单元地址（　　）。

　　A. 必须连续　　　　　　　　　　B. 部分地址必须连续

　　C. 一定不连续　　　　　　　　　D. 连续、不连续均可

第二节　线性数据结构

基础知识

线性表

线性表是指由 n 个具有相同特性的数据元素组成的有限序列，是最基本、最简单，也是最常用的一种数据结构。栈、队列、链表等数据结构逻辑上都属于线性表。一般来讲，表中数据元素之间的关系是一对一的关系，即除了第一个和最后一个数据元素之外，其他数据元素都是首尾相接的。

特性

- 线性表中的数据元素的个数 n 定义为线性表的长度，$n = 0$ 时称为空表。
- 非空表中必定存在第一个元素和最后一个元素。
- 非空表中的元素，除了最后一个元素之外，均有唯一的后继（后件）。
- 非空表中的元素，除了第一个元素之外，均有唯一的前驱（前件）。

逻辑结构

物理结构

线性表可由顺序存储或链式存储表示，实际应用中常以栈、队列、字符串等特殊形式使用。

操作

- Create (L, length)：建立长度为 length 的线性表。
- Init (L)：初始化线性表为空。
- Clear (L)：清空数据元素。
- IsEmpty (L)：如果表 L 为空表则返回 true，否则返回 false。
- Length (L)：返回表 L 的长度，即表中元素的个数。
- Get (L, i)：获取表 L 中位置为 i 处的元素（$1 \leqslant i \leqslant n$）。
- Prior (L, i)：取 i 的前驱元素。
- Next (L, i)：取 i 的后继元素。
- Insert (L, i, x)：在表 L 的位置 i 处插入元素 x，后面的元素都向后挪一个位置。
- Delete (L, p)：从表 L 中删除位置 p 处的元素。
- Update (L, i, v)：修改表中 i 位置的元素为 v。
- Locate (L, x)：获取元素 x 在表 L 中的位置。
- Traverse (L)：遍历输出所有元素。
- Sort (L)：对表 L 中的所有元素排序。

队列

队列（queue）是一种特殊的线性表，只允许在表的头部（**队首**）进行删除操作，只允许在表的尾部（**队尾**）进行插入操作，是一种操作受限制的线性表。队列的数据元素又称为队列元素，在队列中插入一个队列元素称为**入队**操作，从队列中删除一个队列元素称为**出队**操作。

特性

因为队列只允许在一端插入，在另一端删除，所以只有最早进入队列的元素才能最先从队列中删除，故队列又称为**先进先出**（FIFO, first in first out）线性表。

逻辑结构

```
队首出队 ← [元素1] [元素2] [元素3] [元素4] ← 队尾入队
```

物理结构

队列可用顺序存储方式实现，借助数组便可简单模拟一个队列，但数组空间难以确定，太小会导致空间不足，太大会造成空间浪费。

基于链式存储的队列无须确定空间大小，虽然创建、插入和删除节点较为烦琐，但可以实现空间的动态增长。

操作（以 STL 中的 queue 库为例）

```cpp
#include<queue>
queue <int> q;         // 新建队列q,队列中的元素类型为int
q.size();              // 返回队列长度
q.empty();             // 判断队列是否为空,空则返回true
q.push(node);          // 入队操作, node入队
q.pop();               // 出队操作
q.front();             // 返回队首元素
q.back();              // 返回队尾元素
```

栈

栈（stack）是一种操作受限的线性表，只能在表的一端进行插入和删除操作，这一端被称为**栈顶**，相对的另一端被称为**栈底**。向栈内添加新元素的操作称为**入栈**、进栈、压栈，删除元素称为**出栈**、退栈。

特性

由于栈中的元素只能在一端进出，所以最先进入栈中的元素反而在最后才能出去，所以栈又被称作**先进后出**（FILO, First In Last Out）线性表。

逻辑结构

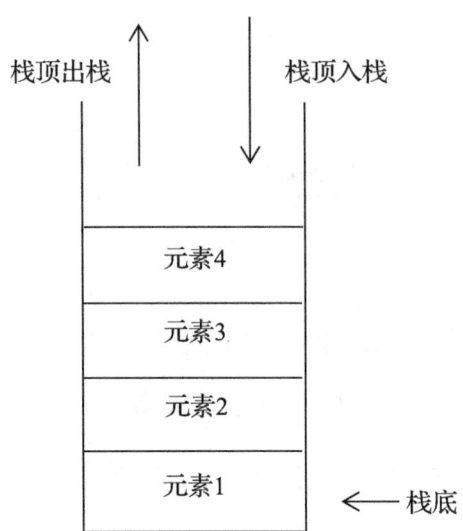

物理结构

同队列一样，栈可用顺序结构存储，并使用数组简单模拟，但会有空间浪费。使用链式存储虽然烦琐一点，但胜在可以实现空间的动态增长，防止空间浪费。

操作（以 STL 中的 stack 库为例）

```
#include<stack>
stack <int> s;         // 新建栈s，存储元素类型为int
s.size();              // 返回栈中的元素数量
s.empty();             // 判断栈是否为空，空则返回true
s.push(node);          // 入栈操作，node元素入栈
s.pop();               // 出栈操作
s.top();               // 获取栈顶元素
```

链表

链表是一种物理存储单元上非连续、非顺序的存储结构，数据元素的逻辑顺序是通过链表中的**指针**链接次序实现的。

链表由一系列**节点**（链表中的每一个元素称为节点）组成，节点可以在运行时动态生成，克服了数组需要预先知道数据量大小的缺点。每个节点包括两个部分：一个是存储数据元素的**数据域**，另一个是存储相邻节点地址的**指针域**。

特性

根据指针域的不同，链表可分为单向链表和双向链表，单向链表中各节点只记录

后继元素的地址，双向链表的节点会记录前驱、后继两个节点的地址。

相比于线性表的顺序结构，链表操作复杂。由于不必按顺序存储，链表在插入的时候可以达到 $O(1)$ 的复杂度，比线性表快得多，但是查找一个节点或者访问特定编号的节点则需要 $O(n)$ 的时间，而线性表和顺序表相应的时间复杂度分别是 $O(\log n)$ 和 $O(1)$。

逻辑结构（双向链表）

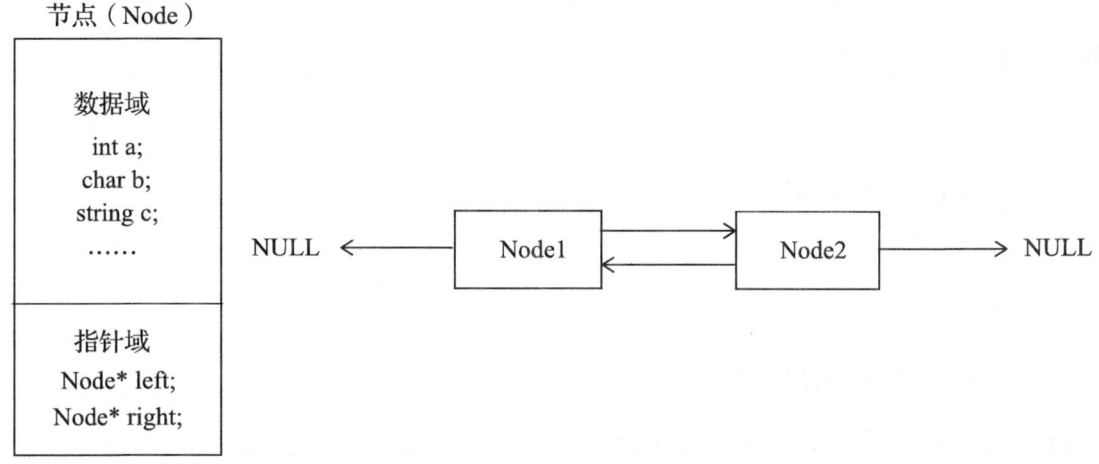

物理结构

链表使用链式存储方式存储数据，便于插入和删除，遍历方面可以通过 ST 表等进行优化。竞赛中链表的插入和删除操作顺序是常考点。

哈希表

哈希表（hash table）又称散列表，是根据数据关键值直接进行访问的数据结构。也就是说，它通过把关键值映射到表中的一个位置来存储和访问，从而加快查找的速度。这个映射函数称为**哈希函数（散列函数）**，存放数据的数组称为**哈希表（散列表）**。

给定表 M，若存在函数 $f(key)$，对任意给定的关键字 key，代入函数后能得到包含该关键字的记录在表中的地址，则称表 M 为哈希表，函数 $f(key)$ 为哈希函数。

简单来讲，哈希表是一种通过哈希函数将特定的键映射到特定值的一种数据结构，它维护着键和值之间的一一对应关系。

- 键（key）：又称为关键字，是要存储的数据的唯一标识，可以是数据本身或者数据的一部分。

- 槽（slot/bucket）：哈希表中用于保存数据的一个单元，即数据存放的容器。
- 哈希函数（hash function）：将键（key）映射到值（value）的函数，映射出的值即存放数据的槽所在的位置。
- 哈希冲突（hash collision）：哈希函数将两个不同的键映射到同一个值的情况。

举例说明

现有一个数组 $a[10]$，待存入的数据有 1、2、3、4、5，若哈希函数为 $f(x) = x$，那么各数据存入为 $a[f(x)] = x$，代入得：

- $a[f(1)] = 1 \rightarrow a[1] = 1$
- $a[f(2)] = 2 \rightarrow a[2] = 2$
- $a[f(3)] = 3 \rightarrow a[3] = 3$
- $a[f(4)] = 4 \rightarrow a[4] = 4$
- $a[f(5)] = 5 \rightarrow a[5] = 5$

由此便得到了一个简单的哈希数组 {–, 1, 2, 3, 4, 5, –, –, –, –}。

另举一例，现有一个数组 $a[11]$，待存入的数据有 2、6、10、17，若哈希函数为 $f(x) = x \bmod 11$，那么：$f(2) = 2$，$f(6) = 6$，$f(10) = 10$，$f(17) = 6$。

键 6 和 17 通过哈希函数所映射出的值均为 6，发生了冲突，应考虑更换哈希函数或解决冲突。

范例精讲

例 1 向一个栈顶指针为 hs 的链式栈中插入一个指针 s 指向的节点时，应执行（　　）。

A. hs->next = s;

B. s->next = hs; hs = s;

C. s->next = hs->next; hs->next = s;

D. s->next = hs; hs = hs->next;

【正确答案】 B

|解析|

为栈顶元素的 next 指针赋值便是入栈操作，入栈后应记得更新栈顶指针。

例 2　双向链表中有两个指针域 llink 和 rlink，分别指向前驱及后继。设 p 指向链表中的一个节点，q 指向一待插入节点，现要求在 p 前插入 q，则正确的插入为（　　）。

A. p->llink = q; q->rlink = p; p->llink->rlink = q;q->llink = p->llink;

B. q->llink = p->llink; p->llink->rlink = q; q->rlink = p;p->llink = q->rlink;

C. q->rlink = p; p->rlink = q; p->llink->rlink = q; q->rlink = p;

D. p->llink->rlink = q; q->rlink = p; q->llink = p->llink; p->llink = q;

【正确答案】 D

|解析|

题意如下图，改变指针指向时需要注意不要弄丢节点（p->llink）。

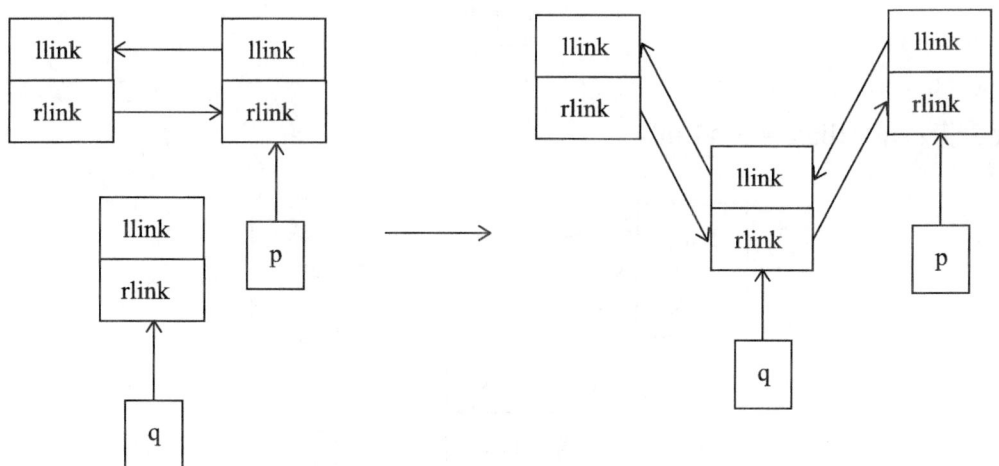

第 1 步：p->llink->rlink = q

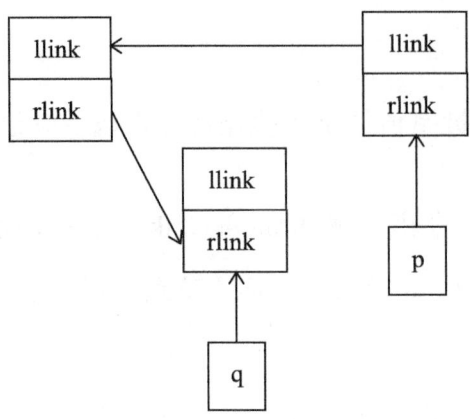

第 2 步：q->rlink = p

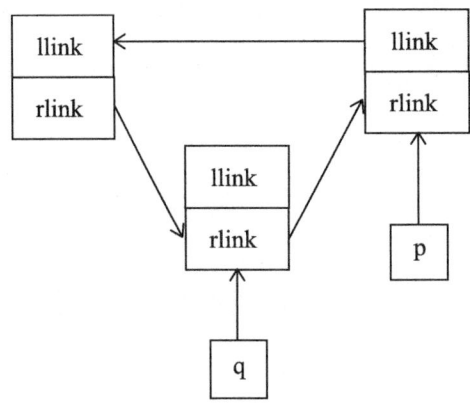

第 3 步：q->llink = p->llink

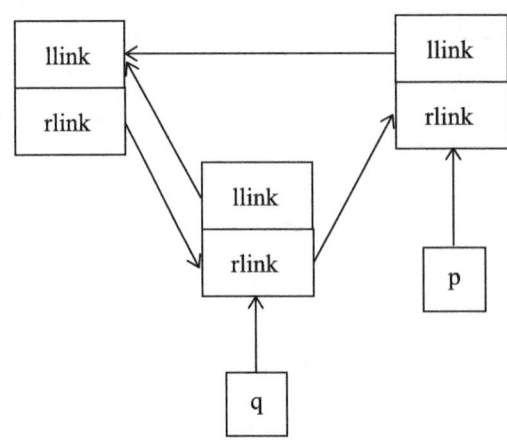

最后：p->llink = q

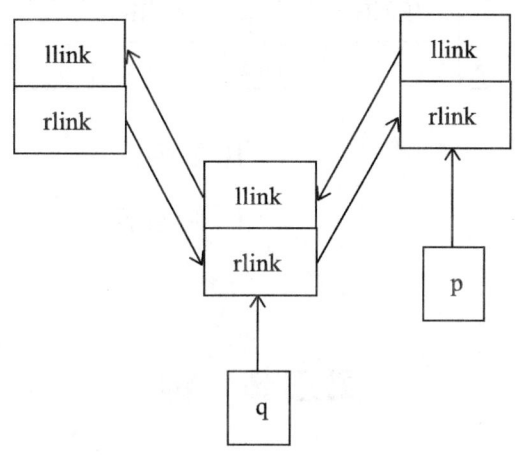

赛题训练

1. 今有一空栈 S，对下列待进栈的数据元素序列 a、b、c、d、e、f 依次进行进栈、进栈、出栈、进栈、进栈、出栈的操作，则此操作完成后，栈底元素为（   ）。

   A. b　　　　　　　　　　　　B. a

   C. d　　　　　　　　　　　　D. c

2. 将（2, 7, 10, 18）分别存储到某个地址区间为 0~10 的哈希表中，如果哈希函数 $h(x)=$（   ），将不会产生冲突，其中 $a \bmod b$ 表示 a 除以 b 的余数。

   A. $x^2 \bmod 11$　　　　　　　B. $2x \bmod 11$

   C. $x \bmod 11$　　　　　　　　D. $x/2 \bmod 11$（除法下取整）

3. 链表不具有的特点是（   ）。

   A. 可随机访问任一元素

   B. 不必事先估计存储空间

   C. 插入和删除不需要移动元素

   D. 所需空间与线性表长度成正比

4. 下图中所使用的数据结构是（   ）。

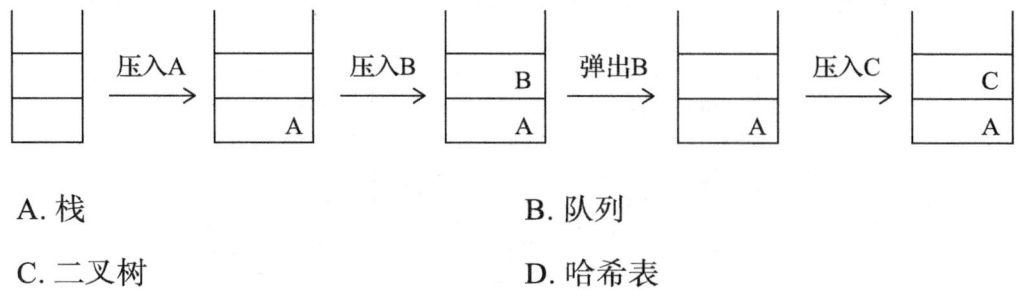

A. 栈 B. 队列
C. 二叉树 D. 哈希表

第三节 树

基础知识

逻辑结构

树（又称树状图）是一种树形数据结构，它有 n 个有限节点，把它称为树是因为它看起来像一棵倒挂的树，也就是说它是根在上而叶子在下的。它具有以下特点：

- 每个元素称为节点（node）。
- 每个节点有零个或多个子节点。
- 没有父节点的节点称为根节点或树根（root）。
- 每一个非根节点有且只有一个父节点。
- 节点与节点之间的连线称为边。
- 有 n 个节点的树有 $n-1$ 条边。
- 除根节点之外的其余数据元素被分为 m（$m \geq 0$）个互不相交的集合 T_1、T_2、$\cdots$、T_m，其中每一个集合 T_i（$1 \leq i \leq m$）本身也是一棵树，被称作原树的子树（subtree）。
- 单个节点是一棵树，树根就是该节点本身。
- 空集合也是树，称为空树，其中没有节点。
- 从任一节点出发到达其他节点的路径唯一。

树也可以这样定义：树是由一个集合以及在该集合上定义的一种关系构成的。集合中的元素称为树的节点，所定义的关系称为父子关系。父子关系在树的节点之间建立了一种层次结构。在这种层次结构中有一个节点具有特殊的地位，这个节点称为该树的根节点，或称为树根。

相关术语

- 节点的度：一个节点含有的子树的个数称为该节点的度。
- 树的度：一棵树中，最大的节点的度称为树的度。
- 叶节点或终端节点：度为 0 的节点。
- 分支节点或非终端节点：度不为 0 的节点。
- 双亲节点：若一个节点含有子节点，则这个节点称为其子节点的双亲节点。
- 孩子节点或子节点：一个节点含有的子树的根节点称为该节点的子节点。
- 兄弟节点：具有相同双亲节点的节点互称为兄弟节点。
- 节点的层次：从根开始定义，根为第 1 层，根的子节点为第 2 层，以此类推。
- 树的高度或深度：树中节点的最大层次。
- 堂兄弟节点：双亲在同一层的节点互为堂兄弟节点。
- 节点的祖先：从根到该节点所经分支上的所有节点。
- 子孙：以某节点为根的子树中任一节点都称为该节点的子孙。
- 森林：m（$m \geq 0$）棵互不相交的树的集合称为森林。

树的分类

- 无序树：树中任意节点的子节点之间没有顺序关系，这种树称为无序树，也称为自由树。
- 有序树：树中任意节点的子节点之间有左右顺序关系，这种树称为有序树。
- 二叉树：度为 2 的树，即每个节点最多含有两个子节点的树。
- 完全二叉树：一棵二叉树至多只有最下面两层的节点的度可以小于 2，并且最下面一层的节点都集中在该层最左边的若干位置上。

- 满二叉树：除最后一层无任何子节点外，每一层的所有节点都有两个子节点的二叉树。满二叉树一定是完全二叉树，完全二叉树不一定是满二叉树。

物理结构

树结构可用邻接矩阵或者邻接表的形式存储。

邻接矩阵存储：若树中节点数为 n，则给树中每个节点编号 $1 \sim n$，设立 $n \times n$ 的二维矩阵 $a[n][n]$，并全部初始化为 0，若矩阵中第 2 行第 3 列存储的值非零（$a[2][3]!=0$），则说明编号为 2 和 3 的节点之间存在一条边相连。在信奥赛中，遇到树结构类型的题目时，常用邻接矩阵的形式存储树结构。

优劣：实现方便但是空间浪费较大。

示例：下图为一棵树以及该树的邻接矩阵存储形式。

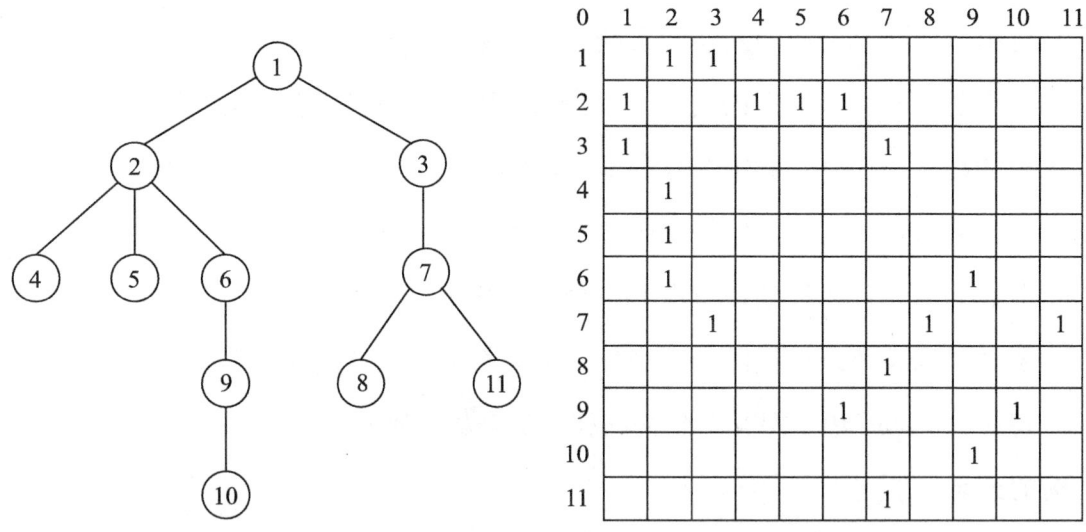

可以发现，整个二维矩阵沿主对角线（↘）对称，因此存储时可以考虑只存储上三角或者下三角区域。

邻接表存储：链式存储，数据域存储节点数据，指针域存储其余节点信息，按指针域设计的不同，可分为以下几种存储方式。

1）双亲表示法：指针域存放双亲节点位置。

示例：

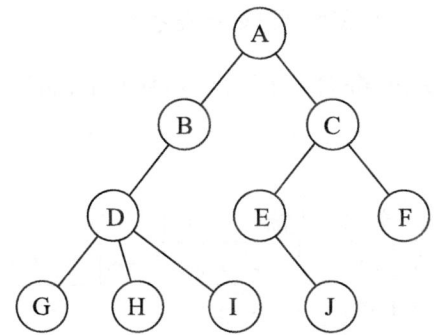

下标	数据	双亲节点
0	A	-1
1	B	0
2	C	0
3	D	1
4	E	2
5	F	2
6	G	3
7	H	3
8	I	3
9	J	4

特点：

- 由于根节点是没有双亲的，一般约定根节点的指针域值为 –1。
- 根据节点的双亲指针，可以很容易地找到它的双亲节点。所用时间复杂度为 $O(1)$，直到双亲值为 –1 时，表示找到了树的根。
- 如果想要找到孩子节点，则需要遍历整个结构才行。

2）孩子表示法：把每个节点的孩子排列起来，以单链表作为存储结构，则 n 个节点有 n 个孩子链表，如果是叶子节点则此链表为空。然后 n 个头指针又组成一个线性表，采用顺序存储结构，存放进一个一维数组中。

示例：

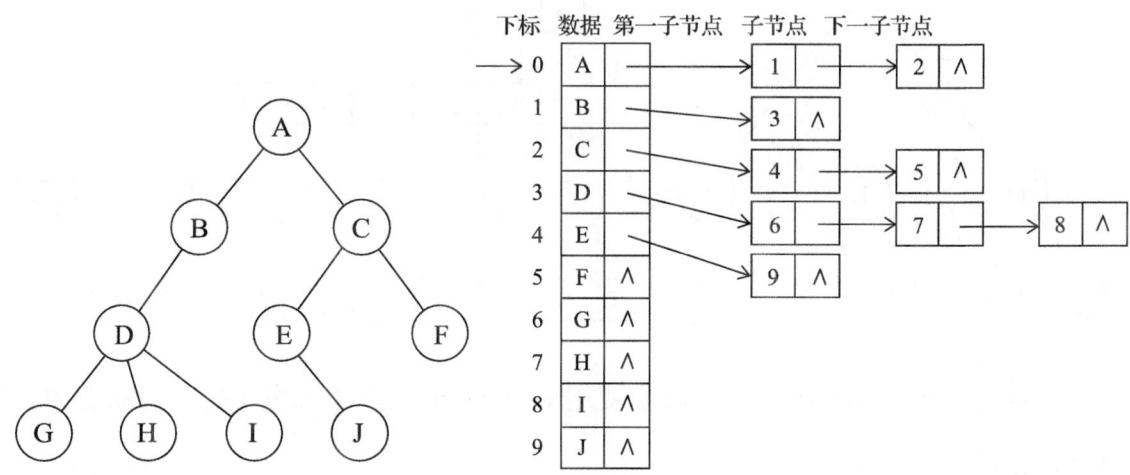

对于孩子表示法，查找某个节点的某个孩子，或者找某个节点的兄弟，只需要查找这个节点的孩子单链表即可。但是当要寻找某个节点的双亲时，就不是那么方便了。

所以可以将双亲表示法和孩子表示法相结合，形成双亲孩子表示法。

3）双亲孩子表示法：双亲表示和孩子表示的综合，在节点数组中添加父节点指针域。

示例：

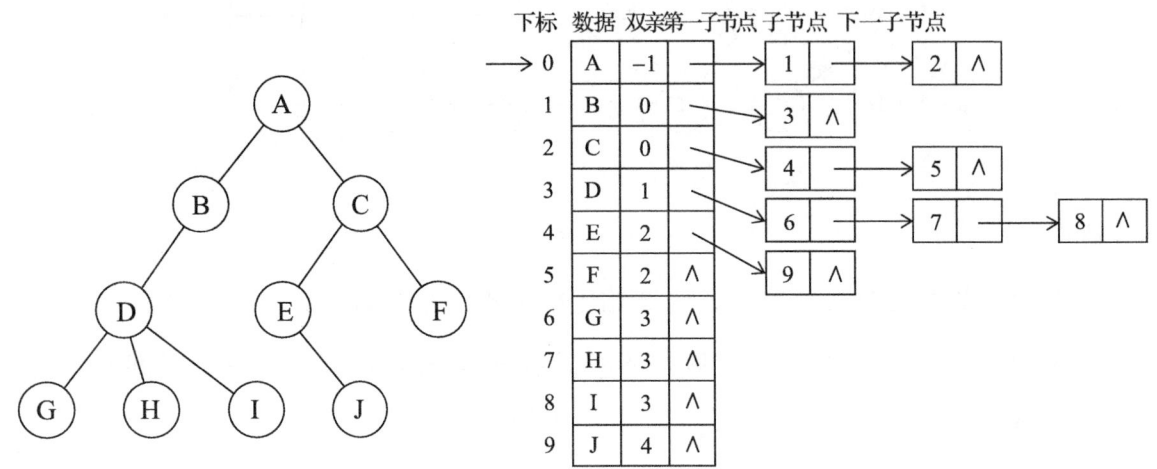

如此，找父节点和找子节点都方便了。

4）孩子兄弟表示法：指针域存放子节点和兄弟节点位置。

示例：

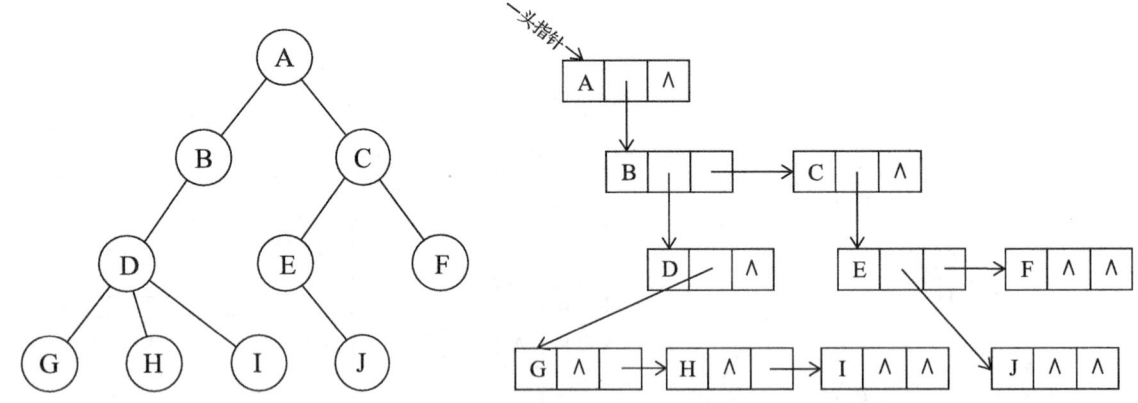

在竞赛中，树结构和图结构一般都使用 vector<int> g[N] 来构建列数为动态的二维数组进行存储。

二叉树的遍历

遍历（Traversal）是指沿着某条搜索路线，依次对树中每个节点均做一次访问。

在访问过程中对节点所做的操作依赖于具体的应用问题。遍历是二叉树上最重要的运算之一，是二叉树上进行其他运算之基础。

从二叉树的递归定义可知，一棵非空的二叉树由根节点及左、右子树这三个基本部分组成。因此，在任一给定节点上，可以按某种次序执行三个操作：

1）访问节点本身（N）。

2）遍历该节点的左子树（L）。

3）遍历该节点的右子树（R）。

以上三种操作有六种执行次序：NLR、LNR、LRN、RLN、RNL、NRL。

注意：前三种次序与后三种次序对称，故只讨论先左后右的前三种次序。

遍历命名如下：

- NLR：前序遍历（Preorder Traversal，亦称先序遍历），访问根节点的操作发生在遍历其左右子树之前。

- LNR：中序遍历（Inorder Traversal），访问根节点的操作发生在遍历其左右子树之中。

- LRN：后序遍历（Postorder Traversal），访问根节点的操作发生在遍历其左右子树之后。

注意：由于被访问的节点必是某子树的根，所以 N（Node）、L（Left subtree）和 R（Right subtree）又可解释为根、根的左子树和根的右子树。NLR、LNR 和 LRN 分别又称为先根遍历、中根遍历和后根遍历。

示例：以下图中树结构为例，产生该树的三序遍历序列。

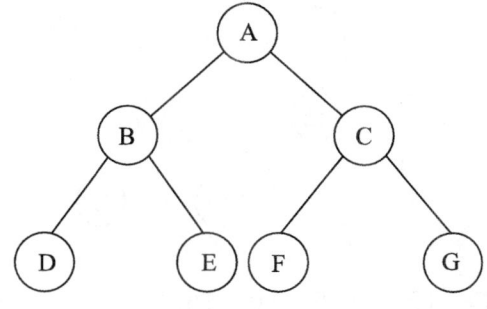

先序遍历：先序序列应该满足对于整棵树是先根后左右，对于任意一棵子树也是先根后左右。

首先是整棵树，根 A、左（BDE）、右（CFG），初学者可以加括号表示未完成的子树的节点集合，括号内的节点顺序不是最终顺序。

然后确定左子树顺序：A BDE（CFG）。

最后确定右子树顺序：A BDE CFG。

中序遍历：中序序列应该满足对于整棵树是先左后根后右，对于任意一棵子树也是先左后根后右。

首先整棵树：左（BDE）、根 A、右（CFG）。

确定左子树顺序：DBE A （CFG）。

确定右子树顺序：DBE A FCG。

后序遍历：后序序列应该满足对于整棵树是先左右后根，对于任意一棵子树也是先左右后根。

首先整棵树：左（BDE）、右（CFG）、根 A。

确定左子树顺序：DEB （CFG） A。

确定右子树顺序：DEB FGC A。

熟练后就不需要使用加括号的方式了。

另举一例：在实际做题时，我们遇到的二叉树并不会太整齐，如下图，试写出该树的三序遍历的结果。

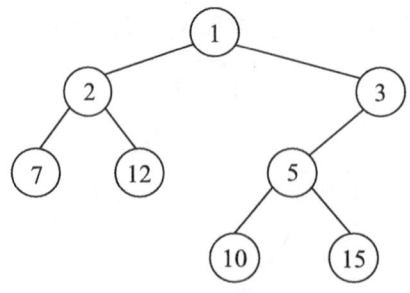

- 先序遍历：1 2 7 12 3 5 10 15。

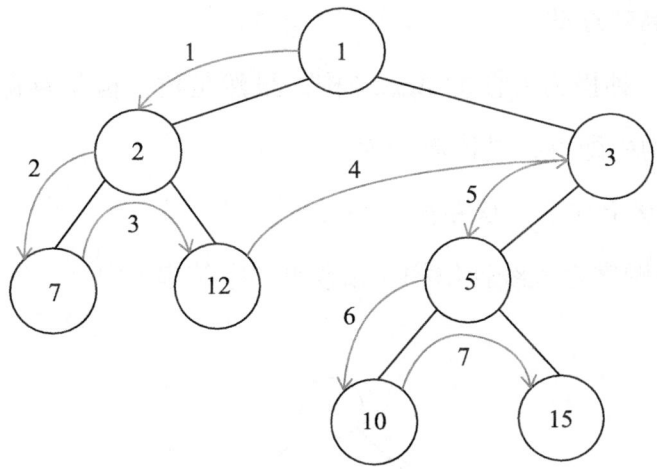

- 中序遍历：7 2 12 1 10 5 15 3。

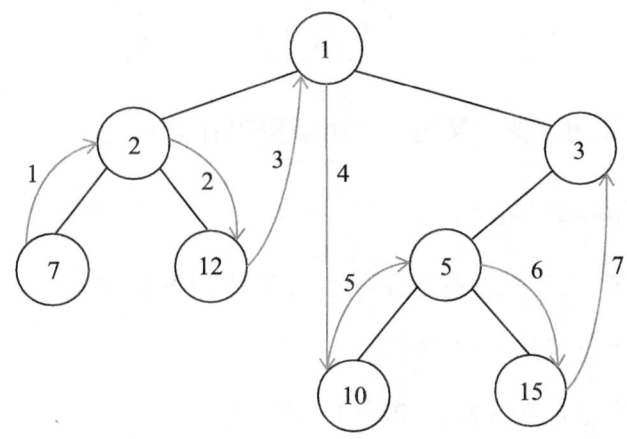

- 后序遍历：7 12 2 10 15 5 3 1。

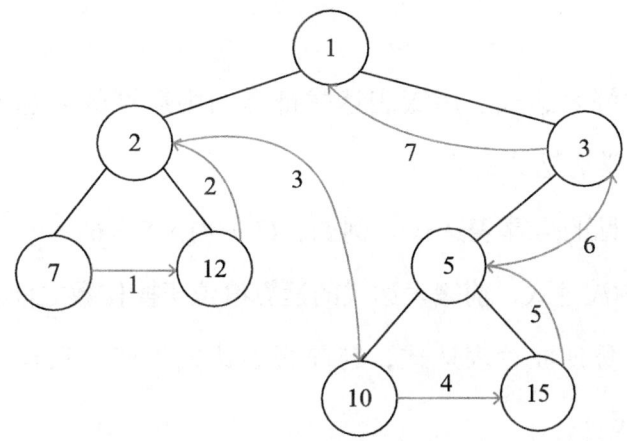

完全二叉树的高效存储

完全二叉树是一种极为方便的数据结构，虽然是树，但是存储时只需要将节点值顺序存储到线性结构中即可，具体流程为：

1）n 个节点按从上往下、从左往右编号 $1 \sim n$ 号。

2）按节点编号顺序存入线性结构（如数组、字符串）中。

示例：

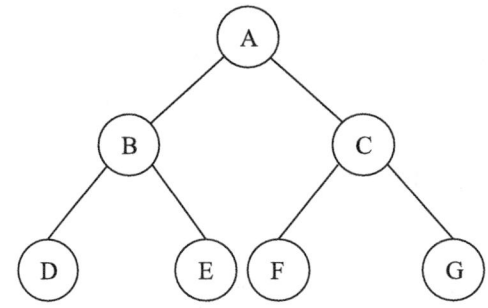

上图中的完全二叉树（满二叉树）可用字符串存储：

string s = "-ABCDEFG";

顺序存储后的完全二叉树具有以下特性（除法为下取整）：

- i 号节点的双亲节点是 $i/2$ 号。
- i 号节点的子节点是 $2i$（左）、$2i+1$（右）号。
- 非叶子节点编号是 $1 \sim n/2$。
- 叶子节点编号是 $n/2+1 \sim n$。

三缀表达式

前缀表达式、中缀表达式、后缀表达式都是四则运算的表达方式，用于四则运算表达式的求值，即数学表达式的求值。

中缀表达式：常见的运算表达式。例如，(3 + 4) * 5 − 6。

前缀表达式：又称波兰式，前缀表达式的运算符位于操作数之前。例如，− * + 3 4 5 6。

后缀表达式：又称逆波兰表达式，与前缀表达式相似，只是运算符位于操作数之后。例如，3 4 + 5 * 6 −。

前缀表达式求值：从右至左扫描表达式，遇到数字时，将数字压入栈，遇到运算符时，弹出栈顶的两个数，用运算符对它们做相应的计算（栈顶元素"op"次顶元素，先弹出的在运算符左边），并将结果入栈；重复上述过程直到表达式最左端，最后运算得出的值即为表达式的结果。例如：- * + 3 4 5 6。

- 从右至左扫描，将 6、5、4、3 压入栈。
- 遇到 + 运算符，因此弹出 3 和 4（3 为栈顶元素，4 为次顶元素，注意与后缀表达式做比较），计算出 3 + 4 的值，得 7，再将 7 入栈。
- 接下来是 * 运算符，因此弹出 7 和 5，计算出 7 * 5 = 35，将 35 入栈。
- 最后是 - 运算符，计算出 35 - 6 的值，即 29，由此得出最终结果。

后缀表达式求值：从左至右扫描表达式，遇到数字时，将数字压入栈，遇到运算符时，弹出栈顶的两个数，用运算符对它们做相应的计算（次顶元素"op"栈顶元素，先弹出的在运算符右边），并将结果入栈；重复上述过程直到表达式最右端，最后运算得出的值即为表达式的结果。例如：3 4 + 5 * 6 -。

- 从左至右扫描，将 3 和 4 压入栈。
- 遇到 + 运算符，因此弹出 4 和 3（4 为栈顶元素，3 为次顶元素，注意与前缀表达式做比较），计算出 3 + 4 的值，得 7，再将 7 入栈。
- 将 5 入栈。
- 接下来是 * 运算符，因此弹出 5 和 7，计算出 7 * 5 = 35，将 35 入栈。
- 将 6 入栈。
- 最后是 - 运算符，计算出 35 - 6 的值，即 29，由此得出最终结果。

中缀转前缀、后缀：有 2 个方法。

方法 1：二叉树法，将中缀表达式转化为二叉树，使得各子树的根节点为运算符，叶子节点为操作数。该二叉树的中序遍历结果为中缀表达式，前序遍历为前缀表达式，后序遍历为后缀表达式。例如：(3 + 4) * 5 - 6，按中序遍历画出二叉树。

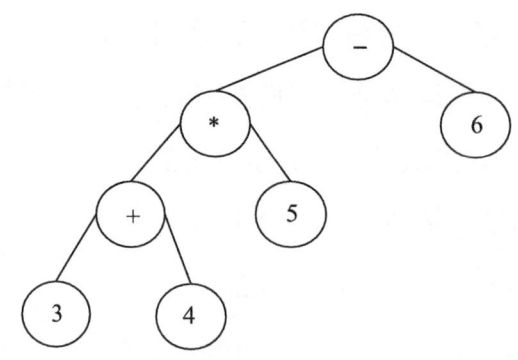

前序遍历、前缀表达式：- * + 3 4 5 6。

后序遍历、后缀表达式：3 4 + 5 * 6 -。

方法 2：括号法，按运算符优先级关系，给中缀表达式添加括号，移动运算符后擦掉括号。

例如中缀表达式：a + b * c - (d + e)。

添加括号后变为：((a + (b * c)) - (d + e))。

转为前缀，运算符移动到所处括号的前面：-(+ (a * (b c)) + (d e))。

擦掉括号：- + a * b c + d e。

转为后缀，运算符移动到所处括号的后面：((a (b c) *) + (d e) +) -。

擦掉括号：a b c * + d e + -。

范例精讲

例 1 独根树的高度为 1。具有 61 个节点的完全二叉树的高度为（　　）。

A. 7　　　　　　　　　　　B. 8

C. 5　　　　　　　　　　　D. 6

【正确答案】 D

| 解析 |

在完全二叉树中，有一些数学性质需要牢记。

- 第 i 层的节点数最多为 2^{i-1}。
- 前 i 层的节点数最多为 $2^0 + 2^1 + 2^2 + \cdots + 2^{i-1} = 2^i - 1$。

例 2 根节点深度为 0，一棵深度为 h 的满 k ($k>1$) 叉树，即除最后一层无任何子节点外，每一层上的所有节点都有 k 个子节点的树，共有（　　）个节点。

A. $(k^{h+1} - 1)/(k-1)$　　　　　B. k^{h-1}

C. k^h　　　　　　　　　　　　D. $(k^{h-1})/(k-1)$

【正确答案】 A

|解析|

注意 k 并不是 2，根节点深度为 0。

第 0 层节点数：k^0

第 1 层节点数：k^1

第 2 层节点数：k^2

……

第 h 层节点数：k^h

总共 $k^0 + k^1 + \cdots + k^h$，这是数学中等比数列的求和。

设：$x = k^0 + k^1 + \cdots + k^h$　　（1）

等式两边乘 k 得到：$kx = k^1 + k^2 + \cdots + k^{h+1}$　　（2）

（2）-（1）得：$(k-1)x = k^{h+1} - 1$，$x = (k^{h+1} - 1)/(k-1)$

例 3 在竞赛中常会遇到如下这样的题。

已知一棵二叉树的中序遍历结果为 DBEAFCG、后序遍历结果为 DEBFGCA。试指出该树的先序遍历的结果。

|解析|

求解该种类型的题，需要熟练运用三序遍历各自的特质。

- 先序遍历为先根后左右，即序列中最左边节点为根节点。
- 中序遍历为先左后根后右，若已知根节点，可借此划分开左右子树。
- 后序遍历为先左右后根，即序列中最右边节点为根节点。

由以上三点可知，先序、后序可以确定根节点，中序可以划分左右子树，在划分开的左右子树又可以根据先序、后序序列来确定根节点，如此不断地确定和划分，即可还原出整棵树的结构。

在题目中，中序遍历结果为 DBEAFCG、后序遍历结果为 DEBFGCA，解题流程如下：

1）由后序遍历确定整棵树的根节点为 A。
2）由中序遍历确定 A 节点的左子树有 B、D、E 三个节点，右子树有 C、F、G 三个节点。
3）B、D、E 三个节点在后序序列中的顺序为 DEB，所以 B 节点为该子树的根节点。
4）B、D、E 三个节点在中序序列中的顺序为 DBE，已知 B 为根节点，所以左儿子为 D，右儿子为 E。
5）C、F、G 三个节点在后序序列中的顺序为 FGC，所以 C 节点为该子树的根节点。
6）C、F、G 三个节点在中序序列中的顺序为 FCG，已知 C 为根节点，所以左儿子为 F，右儿子为 G。

边分析边画出树结构：

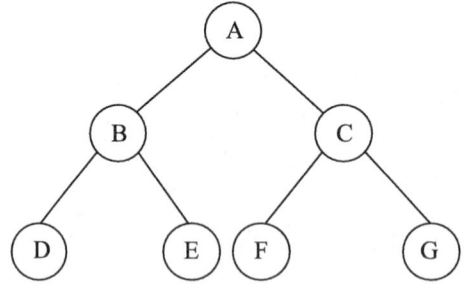

得到先序遍历序列为：A B D E C F G。

同样的道理，中序序列搭配先序序列也能还原出二叉树的结构，但是先序序列搭配后序序列却不行，因为不能划分左右子树。也就是说，要还原二叉树的结构，必须要有中序序列，再搭配先序或者后序序列（中序 &&（先序 || 后序））。

赛题训练

1. 表达式 a * (b + c) - d 的后缀表达形式为（　　）。

   A. abc * + d -　　B. - + * abcd　　C. abcd * + -　　D. abc + * d -

2. 假设一棵二叉树的后序遍历序列为 DGJHEBIFCA，中序遍历序列为 DBGEHJACIF，则其前序遍历序列为（　　）。

   A. ABCDEFGHIJ　　B. ABDEGHJCFI　　C. ABDEGJHCFI　　D. ABDEGHJFIC

3. 表达式 a * d - b * c 的前缀形式是（　　）。

   A. ad * bc * -　　B. - * ad * bc　　C. a * d - b * c　　D. - * * adbc

4. 设 G 是有 n 个节点、m 条边（n ≤ m）的连通图，必须删去 G 的（　　）条边，才能使得 G 变成一棵树。

   A. m - n + 1　　B. m - n　　C. m + n + 1　　D. n - m + 1

5. 表达式 a * (b + c) * d 的后缀形式是（　　）。

   A. abcd * + *　　　　　　　B. abc + * d *

   C. a * bc + * d　　　　　　D. b + c * a * d

6. 前序遍历序列与后序遍历序列相同的二叉树为（　　）。

   A. 非叶子节点只有左子树的二叉树　　B. 只有根节点的二叉树

   C. 根节点无右子树的二叉树　　　　　D. 非叶子节点只有右子树的二叉树

第四节　图

基础知识

逻辑结构

图（Graph）由顶点的有穷非空集合和顶点之间边的集合组成，通常表示为

$G(V, E)$，其中，G 表示一个图，V 是图 G 中顶点的集合，E 是图 G 中边的集合。

相关术语

- 顶点（Vertex）：图中的数据元素。线性表中我们把数据元素叫元素，树中将数据元素叫节点。
- 边（Edge）：顶点之间的逻辑关系用边来表示，边集可以是空的。
- 无向边：若顶点 V_1 到 V_2 之间的边没有方向，则称这条边为无向边，用（V_1, V_2）表示。
- 有向边：若从顶点 V_1 到 V_2 的边有方向，则称这条边为有向边，也称弧（Arc）。用 <V_1, V_2> 表示，V_1 为弧尾（Tail），V_2 为弧头（Head）。注意：无向边用"（ ）"，而有向边用"< >"表示。
- 环路：有向图中的一条路径上，部分顶点出现两次以上，称重复顶点形成了环路，形成了一条环。
- 权（Weight）：与图的边或弧相关的数。
- 子图（Subgraph）：假设 $G = (V, E)$ 和 $G' = (V', E')$，如果 V' 包含于 V 且 E' 包含于 E，则称 G' 为 G 的子图。
- 度（Degree）：无向图中，与顶点 V 相关联的边的数目。有向图中，入度表示指向自己的边的数目，出度表示指向其他边的数目，该顶点的度等于入度与出度的和。
- 路径的长度：无权图中为一条路径上边或弧的数量，带权图中为路径上边的权值和。
- 生成树：无向连通图中，删去几条边后达成 n 个顶点、$n-1$ 条边而产生的树。
- 连通分量：无向图中的极大连通子图（子图必须是连通的且含有极大顶点数）。
- 强连通分量：有向图中的极大强连通子图。

分类

- 简单图：图中不存在顶点到其自身的边，且同一条边不重复出现。

- 无向图（Undirected graph）：图中任意两个顶点之间的边都是无向边。
- 有向图（Directed graph）：图中任意两个顶点之间的边都是有向边。
- 无向完全图：无向图中，任意两个顶点之间都存在边。
- 有向完全图：有向图中，任意两个顶点之间都存在方向互为相反的两条弧。
- 稀疏图：有很少条边（边数 $|E|$ 远小于顶点数 $|V|^2$ 的图）。
- 稠密图：有很多条边（边数 $|E|$ 接近于顶点数 $|V|^2$ 的图）。
- 网图：带权的图。
- 连通图：无向图中，任意两顶点间存在路径可达。
- 强连通图：有向图中，任意两顶点间存在路径可达。

物理结构

对于图 $G = (V, E)$，可以用两种标准存储方法来存储。一种为邻接表，另一种为邻接矩阵。两种方法都既可以表示无向图，又可以表示有向图。邻接表的存储方法在稀疏图中较为常用，因为较为节省空间，而邻接矩阵则相反，常用于稠密图的存储。在信奥赛中，由于构造方便，大多数题目都倾向于使用邻接矩阵来存储一张图。

邻接矩阵存储：图的邻接矩阵存储方式是用两个数组来表示图。一个一维数组存储图中各顶点数据信息，同时给顶点编号，一个二维数组（称为邻接矩阵）存储图中的边或弧的信息。

- 在二维数组 a 中，若 $a[i][j]$ 的值为 0 则表示 i 号顶点和 j 号顶点之间没有边相连接。
- 若 $a[i][j]$ 的值为 1 则表示有一条边从 i 号顶点出发指向 j 号顶点（有向图）。
- 在无向图的邻接矩阵中，若 $a[i][j]$ 值为 1，那么 $a[j][i]$ 值也为 1，整个矩阵沿正对角线对称。
- 若图中边带有权值，则 $a[i][j]$ 的值除了表示有无边存在之外，也可以存储边的权值。

无向、有向、网图的邻接矩阵存储结构如下（A、B、C、D、E顶点的编号为1、2、3、4、5）：

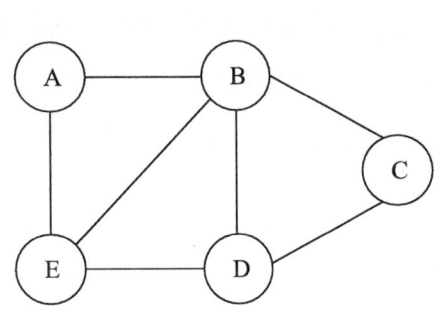

-	1	2	3	4	5
1	0	1	0	0	1
2	1	0	1	1	1
3	0	1	0	1	0
4	0	1	1	0	1
5	1	1	0	1	0

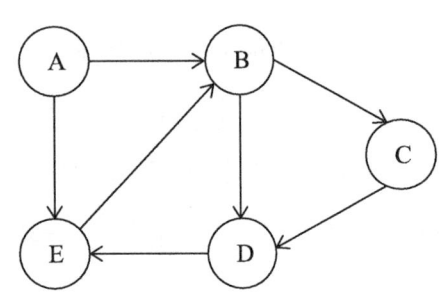

-	1	2	3	4	5
1	0	1	0	0	1
2	0	0	1	1	0
3	0	0	0	1	0
4	0	0	0	0	1
5	0	1	0	0	0

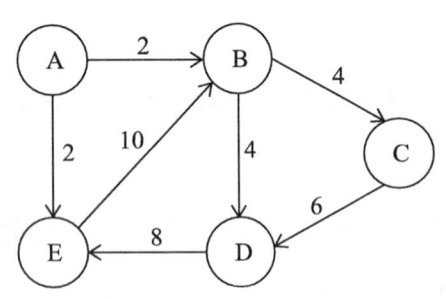

-	1	2	3	4	5
1	0	2	0	0	2
2	0	0	4	4	0
3	0	0	0	6	0
4	0	0	0	0	8
5	0	10	0	0	0

邻接表存储：邻接表是数组与链表相结合的存储方法，具体的处理方法如下。

- 图中顶点用一个一维数组存储，当然顶点也可用链表存储，不过数组更方便读取顶点信息。另外，对于顶点数组，每个数据元素还要存储指向第一个邻接点的指针，以便查找顶点的边信息。

- 图中每个顶点 v_i 的所有邻接点构成一个线性表，由于邻接点个数不定，所以用单链表存储，无向图称为顶点 v_i 的边表，有向图则称为顶点 v_i 作为弧尾的出边表。

三张示例图的邻接表存储结构如下：

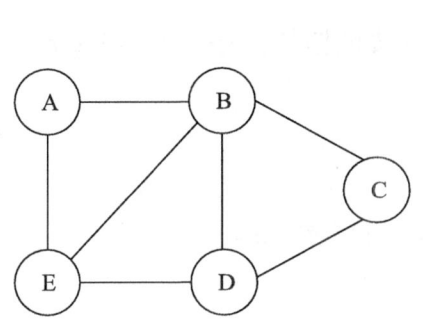
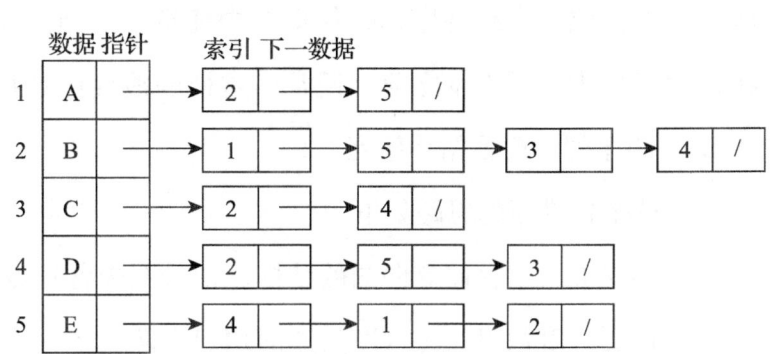

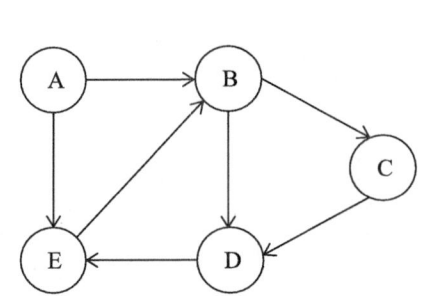
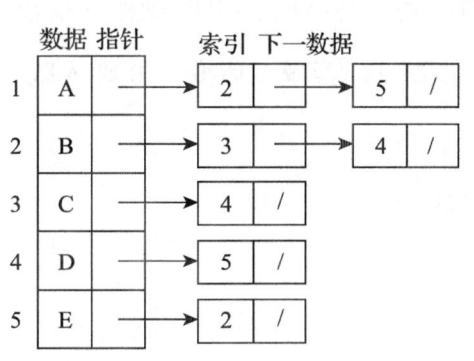

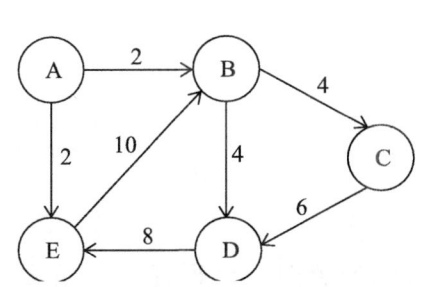
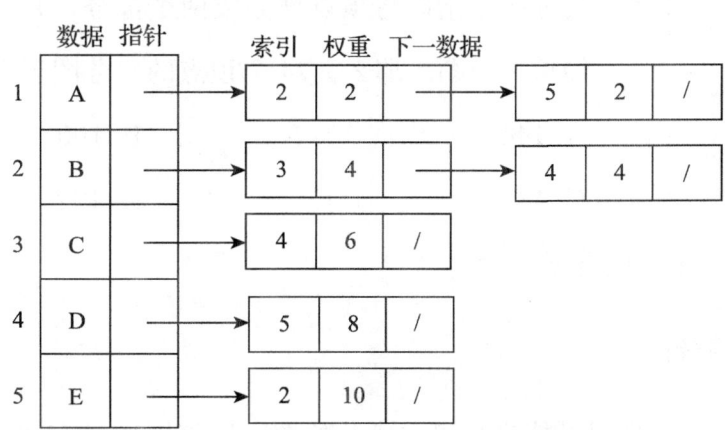

在竞赛中，树结构和图结构一般都使用 vector<int> g[N] 来构建列数为动态的二维数组以进行存储。若是带权图，则用结构体 struct Node{…} vector<Node> g[N] 存储。

除此之外，竞赛中图还有边集数组、链式前向星等多种存储方式，适合各种特殊情况。

拓扑排序

对一个有向无环图（Directed Acyclic Graph，DAG）G 进行拓扑排序，是将 G 中所有顶点排成一个线性序列，使得图中任意一对顶点 u 和 v，若边 $(u, v) \in E(G)$，则 u 在线性序列中出现在 v 之前。通常，这样的线性序列称为满足拓扑次序（Topological Order）的序列，简称拓扑序列。

一种拓扑排序的思路如下。

- 事先准备：存储有向图的结构、记录图中各顶点入度的数组和队列。
- 遍历入度数组，将入度为 0 的顶点入队。
- 循环开始，当队列不为空时：出队操作，输出出队顶点，入度数组中出队顶点指向的顶点入度减 1，若减 1 后变为 0 则入队。
- 结束。

代码实现见附录 B。

> **范例精讲**

例 1　二分图是指能将顶点划分成两个部分，每一部分内的顶点间没有边相连的简单无向图。那么，24 个顶点的二分图至多有（　　）条边。

A. 144　　　　　　　　　　B. 100

C. 48　　　　　　　　　　 D. 122

【正确答案】　A

|解析|

二分图是能进行黑白染色的图，即将图中所有顶点涂色为黑白，使得任意一条边相连的两个顶点都异色。若要到达最大边数，则对半分顶点即可，$12 \times 12 = 144$。

例2 G是一个非连通无向图(没有重边和自环),共有28条边,则该图至少有( )个顶点。

A. 10   B. 9

C. 11   D. 8

【正确答案】 B

|解析|

图也有一些要记忆的数学公式,n个顶点构成的简单无向完全图的边数为$(n-1)+(n-2)+(n-3)+\cdots+1=n(n-1)/2$。$n(n-1)/2 \geq 28$,$n$至少为8,但图是不连通的,再加一个没有任何边相连的孤点即可,即至少9个顶点。

例3 由四个没有区别的点构成的简单无向连通图的个数是( )。

A. 6   B. 7

C. 8   D. 9

【正确答案】 A

|解析|

自己动手画一下,要注意的是因为点没有区别,所以要想是不同的图,必须4个顶点的度有变化。

例4 由四个不同的点构成的简单无向连通图的个数是( )。

A. 32   B. 35

C. 38   D. 41

【正确答案】 C

|解析|

首先边数最多为$4\times(4-1)/2=6$条,其中:

- 1 条边：不连通。
- 2 条边：不连通。
- 3 条边：有连通可能，不连通的情况有 4 种，如下图。

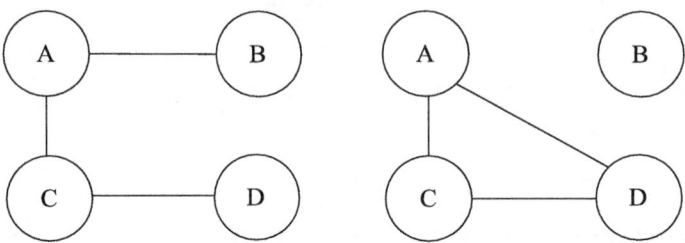

- 4、5、6 条边：全都连通。

总共 $C(6, 3) + C(6, 4) + C(6, 5) + C(6, 6) - 4 = 20 + 15 + 6 + 1 - 4 = 38$。

例 5 设简单无向图 G 有 16 条边且每个顶点的度数都是 2，则图 G 有（　　）个顶点。

A. 10　　　　　　　　　　　　B. 12

C. 8　　　　　　　　　　　　　D. 16

【正确答案】 D

|解析|

无向图的所有顶点的度数都是 2，则无向图是一个圆环。

赛题训练

1. 有 10 个顶点的无向图至少应该有（　　）条边才能确保它是一个连通图。

A. 9　　　　　　　　　　　　B. 10

C. 11　　　　　　　　　　　　D. 12

2. 以下哪个结构可以用来存储图？（　　）

A. 栈　　　　　　　　　　　　B. 二叉树

C. 队列　　　　　　　　　　　D. 邻接矩阵

第二篇

习题精练

第六章 高频真题

1. 一个 32 位整型变量占用（　　）字节。

   A. 4　　　　　　　　　　　B. 32

   C. 8　　　　　　　　　　　D. 128

2. 1MB 等于（　　）。

   A. 1000 字节　　　　　　　B. 1024 字节

   C. 1000×1000 字节　　　　 D. 1024×1024 字节

3. 计算机存储数据的基本单位是（　　）。

   A. bit　　　　　　　　　　B. Byte

   C. GB　　　　　　　　　　 D. KB

4. 分辨率为 800×600、16 位色的位图，存储图像信息所需的空间为（　　）。

   A. 937.5KB　　　　　　　　B. 4218.75KB

   C. 4320KB　　　　　　　　 D. 2880KB

5. 如果 256 种颜色用二进制编码来表示，至少需要（　　）位。

   A. 6　　　　　　　　　　　B. 7

   C. 8　　　　　　　　　　　D. 9

6. 32 位机器和 64 位机器的区别是（　　）。

   A. 显示器不同　　　　　　　B. 硬盘大小不同

   C. 寻址空间不同　　　　　　D. 输入法不同

7. 在计算机内部用来传送、存储、加工处理的数据或指令都是以（　　）形式进行的。

A. 二进制码 B. 八进制码

C. 十进制码 D. 智能拼音码

8. 1TB 代表的字节数量是（　　）。

A. 2 的 10 次方 B. 2 的 20 次方

C. 2 的 30 次方 D. 2 的 40 次方

9. 若有如下程序段，其中 s、a、b、c 均已定义为整型变量，且 a、c（c > 0）均已赋值：

```
s = a;
for (b = 1; b <= c; b++) s = s - 1;
```

则与上述程序段功能等价的赋值语句是（　　）。

A. s = a – c; B. s = b – c;

C. s = a – b; D. s = s – c;

10. 为了统计一个非负整数的二进制形式中 1 的个数，编写如下代码：

```
int CountBit(int x)
{
    int ret = 0;
    while (x)
    {
        ret++;
        _____;
    }
    return ret;
}
```

则空格内要填入的语句是（　　）。

A. x >>= 1 B. x &= x – 1

C. x |= x >> 1 D. x <<= 1

11. 有以下程序：

```
#include <iostream>
using namespace std;
int main()
```

```
{
    int k = 4, n = 0;
    while (n < k)
    {
        n++;
        if (n % 3 != 0)
            continue;
        k--;
    }
    cout << k << "," << n << endl;
    return 0;
}
```

程序运行后的输出结果是（　　）。

A. 2,2　　　　　　　　　　　　B. 2,3

C. 3,2　　　　　　　　　　　　D. 3,3

12. 给定含有 n 个不同的数的数组 $L = <x_1, x_2, \cdots, x_n>$。如果 L 中存在 $x_i(1 < i < n)$ 使得 $x_1 < x_2 < \cdots < x_{i-1} < x_i > x_{i+1} > \cdots > x_n$，则称 L 是单峰的，并称 x_i 是 L 的 "峰顶"。现在已知 L 是单峰的，请把 a～c 三行代码补全到算法中，使得算法正确找到 L 的峰顶。

a. Search(k+1, n)

b. Search(1, k-1)

c. return L[k]

```
Search(1, n)
1. k←⌊n/2⌋
2. if L[k] > L[k-1] and L[k] > L[k+1]
3. then _____
4. else if L[k] > L[k-1] and L[k] < L[k+1]
5. then _____
6. else _____
```

正确的填空顺序是（　　）。

A. c, a, b　　　　　　　　　　B. c, b, a

C. a, b, c　　　　　　　　　　D. b, a, c

13. 二进制数 11101110010111 和 01011011101011 进行逻辑与运算的结果是（　　）。

A. 01001010001011　　　　　　B. 01001010000011

C. 01001010010011　　　　　　　D. 01001010000001

14. 下列四个不同进制的数中，与其他三项数值不相等的是（　　）。

　　A. $(269)_{16}$　　　　　　　　B. $(617)_{10}$

　　C. $(1151)_8$　　　　　　　　D. $(1001101011)_2$

15. 在 8 位二进制补码中，10101011 表示的数是十进制下的（　　）。

　　A. 43　　　　　　　　　　　B. −85

　　C. −43　　　　　　　　　　D. −84

16. 十进制小数 13.375 对应的二进制数是（　　）。

　　A. 1101.011　　　　　　　　B. 1011.01

　　C. 1101.101　　　　　　　　D. 1010.01

17. 二进制数 00101100 和 00010101 的和为（　　）。

　　A. 00101000　　　　　　　　B. 01000001

　　C. 01000100　　　　　　　　D. 00111000

18. 与二进制小数 0.1 相等的八进制数是（　　）。

　　A. 0.8　　　　　　　　　　B. 0.4

　　C. 0.2　　　　　　　　　　D. 0.1

19. 二进制数 00100100 和 00010100 的和是（　　）。

　　A. 00101000　　　　　　　　B. 01100111

　　C. 01000100　　　　　　　　D. 00111000

20. 与二进制小数 0.1 相等的十六进制数是（　　）。

　　A. 0.8　　　　　　　　　　B. 0.4

　　C. 0.2　　　　　　　　　　D. 0.1

21. 二进制数 00100100 和 00010101 的和是（　　）。

　　A. 00101000　　　　　　　　B. 001010100

　　C. 01000101　　　　　　　　D. 00111001

22. 下图表示一个果园灌溉系统，有 A、B、C、D 四个阀门，每个阀门可以打开或关上，所有管道粗细相同，以下设置阀门的方法中，可以让果树浇上水的有（　　）。

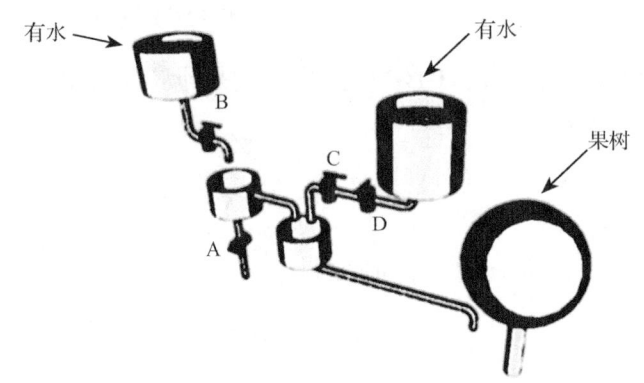

A. B 打开，其他都关上　　　　　　B. A 和 B 都打开，C 和 D 都关上

C. A 打开，其他都关上　　　　　　D. D 打开，其他都关上

23. Lucia 和她的朋友以及朋友的朋友都在某社交网站上注册了账号。下图是他们之间的关系图，两个人之间有边相连代表这两个人是朋友，没有边相连代表不是朋友。这个社交网站的规则是：如果某人 A 向他的朋友 B 分享了某张照片，那么 B 就可以对该照片进行评论；如果 B 评论了该照片，那么他的所有朋友都可以看见这个评论以及被评论的照片，但是不能对该照片进行评论（除非 A 也向他分享了该照片）。现在 Lucia 已经上传了一张照片，但是她不想让 Jacob 看见这张照片，那么她可以向以下朋友（　　）分享该照片。

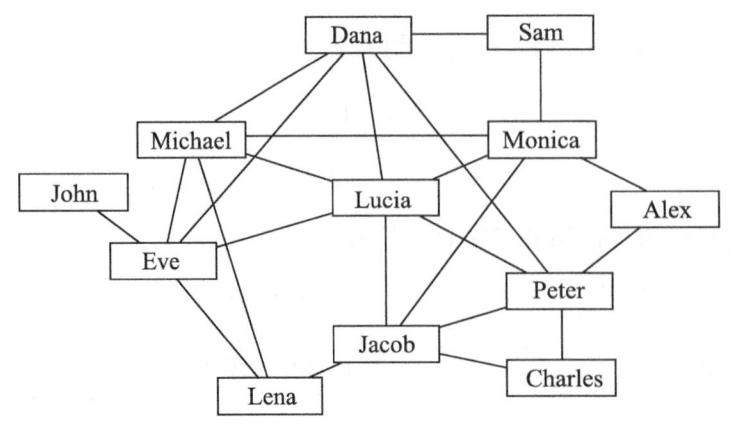

A. Dana、Michael、Eve B. Dana、Eve、Monica

C. Michael、Eve、Jacob D. Michael、Peter、Monica

24. 链表不具有的特点是（   ）。

   A. 可随机访问任一元素 B. 不必事先估计存储空间

   C. 所需空间与线性表长度成正比 D. 插入和删除不需要移动元素

25. 下面的故事与（   ）算法有着异曲同工之妙。

   从前有座山，山里有座庙，庙里有个老和尚在给小和尚讲故事："从前有座山，山里有座庙，庙里有个老和尚在给小和尚讲故事：'从前有座山，山里有座庙，庙里有个老和尚在给小和尚讲故事……'"

   A. 枚举 B. 递归
   C. 贪心 D. 分治

26. 下图中所使用的数据结构是（   ）。

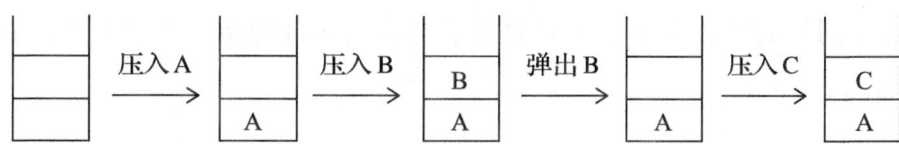

   A. 哈希表 B. 栈
   C. 队列 D. 二叉树

27. 表达式 a * (b + c) * d 的后缀形式是（   ）。

   A. a b c d * + * B. a b c + * d *
   C. a * b c + * d D. b + c * a * d

28. 向一个栈顶指针为 hs 的链式栈中插入一个指针 s 指向的节点时，应执行（   ）。

   A. hs->next = s;

   B. s->next = hs; hs = s;

   C. s->next = hs->next; hs->next = s;

   D. s->next = hs; hs = hs->next;

29. 对于入栈顺序为 a、b、c、d、e、f、g 的序列，下列（　　）不可能是合法的出栈序列。

    A. a, b, c, d, e, f, g   B. a, d, c, b, e, g, f
    C. a, d, b, c, g, f, e   D. g, f, e, d, c, b, a

30. 线性表若采用链表存储结构，要求内存中可用存储单元地址（　　）。

    A. 必须连续   B. 部分地址必须连续
    C. 一定不连续   D. 连续或不连续均可

31. 今有一空栈 S，对下列待进栈的数据元素序列 a、b、c、d、e、f 依次进行进栈、进栈、出栈、进栈、进栈、出栈的操作，则此操作完成后，栈 S 的栈顶元素为（　　）。

    A. f   B. c
    C. a   D. b

32. 把 8 个同样的球放在 5 个同样的袋子里，允许有的袋子空着不放。共有多少种不同的分法？（　　）

    （提示：如果 8 个球都放在一个袋子里，无论是哪个袋子，都只算同一种分法。）

    A. 18   B. 24
    C. 20   D. 22

33. 100 以内的最大素数是（　　）。

    A. 89   B. 93
    C. 97   D. 91

34. 319 和 377 的最大公约数是（　　）。

    A. 33   B. 31
    C. 27   D. 29

35. 新学期开学了，小胖想减肥，健身教练给小胖制定了两个训练方案。方案一：每次连续跑 3 公里可以消耗 300 千卡（耗时半小时）。方案二：每次连续跑 5

公里可以消耗 600 千卡（耗时 1 小时）。小胖每周周一到周四能抽出半小时跑步，周五到周日能抽出一小时跑步。另外，教练建议小胖每周最多跑 21 公里，否则会损伤膝盖。试问小胖每周最多通过跑步消耗（　　）千卡。

A. 2520 B. 2500
C. 3000 D. 2400

36. 一副纸牌除掉大小王有 52 张，4 种花色，每种花色 13 张。假设从这 52 张牌中随机抽取 13 张，则至少（　　）张牌的花色一致。

A. 2 B. 3
C. 4 D. 5

37. 一些数字可以颠倒过来看，例如 0、1、8 颠倒过来看还是本身，6 颠倒过来是 9，9 颠倒过来是 6，其他数字颠倒过来不构成数字。类似的，一些多位数也可以颠倒过来看，比如 106 颠倒过来是 901。假设某个城市的车牌只有五位数字，每一位都可以取 0 到 9。请问这个城市有多少个车牌倒过来正好还是原来的车牌，并且车牌上的 5 位数能被 3 整除。（　　）

A. 30 B. 23
C. 40 D. 25

38. 如果开始时计算机处于小写输入状态，现在有一只小老鼠反复按照 CapsLock、字母键 A、字母键 S、字母键 D、字母键 F 的顺序循环按键，即 CapsLock、A、S、D、F、CapsLock、A、S、D、F……屏幕上输出的第 81 个字符是字母（　　）。

A. A B. S
C. D D. a

39. 设含有 10 个元素的集合的全部子集数为 S，其中由 7 个元素组成的子集数为 T，则 T/S 的值为（　　）。

A. 5 / 32 B. 15 / 128
C. 1 / 8 D. 21 / 128

40. 10 000 以内，与 10 000 互质的正整数有（　　）个。

A. 2000   B. 4000

C. 6000   D. 8000

41. 2017年10月1日是星期日，1999年10月1日是（   ）。

    A. 星期三   B. 星期日

    C. 星期五   D. 星期二

42. 甲、乙、丙三位同学选修课程，从4门课程中，甲选修2门，乙、丙各选修3门，则不同的选修方案共有（   ）种。

    A. 36   B. 48

    C. 96   D. 192

43. 对于给定的序列 $\{a_k\}$，当且仅当 $i < j$ 且 $a_i > a_j$，我们把 (i, j) 称为逆序对。那么序列 1、7、2、3、5、4 的逆序对数为（   ）个。

    A. 4   B. 5

    C. 6   D. 7

44. 若串 S = "copyright"，其子串的个数是（   ）。

    A. 72   B. 45

    C. 46   D. 36

45. 一家四口人，至少两个人生日属于同一月份的概率是（   ）。（假定每个人的生日属于每个月份的概率相同且不同人之间相互独立。）

    A. 1/12   B. 1/144

    C. 41/96   D. 3/4

46. 有7个一模一样的苹果，放到3个一模一样的盘子中，一共有（   ）种放法。

    A. 7   B. 8

    C. 21   D. 3^7

47. 周末小明和爸爸妈妈三个人一起动手想做三道菜。小明负责洗菜、爸爸负责切菜、妈妈负责炒菜。假设做每道菜的顺序都是：先洗菜10分钟，然后切菜10

分钟，最后炒菜 10 分钟。那么做一道菜需要 30 分钟。注意：两道不同的菜的相同步骤不可以同时进行。例如第一道菜和第二道菜不能同时洗，也不能同时切。那么做完三道菜的最短时间为（　　）分钟。

A. 90　　　　　　　　　　　B. 60

C. 50　　　　　　　　　　　D. 40

48. 设有 100 个已排好序的数据元素，采用折半查找时，最大比较次数为（　　）。

A. 10　　　　　　　　　　　B. 8

C. 6　　　　　　　　　　　D. 7

49. 以下排序算法中，不需要进行关键字比较操作的算法是（　　）。

A. 基数排序　　　　　　　　B. 冒泡排序

C. 堆排序　　　　　　　　　D. 插入排序

50. 给定一个含 N 个不相同数字的数组，在最坏情况下，找出其中最大或最小的数，至少需要 $N-1$ 次比较操作。则最坏情况下，在该数组中同时找最大与最小的数至少需要（　　）次比较操作。（⌈ ⌉表示向上取整，⌊ ⌋表示向下取整。）

A. $\lceil 3N/2 \rceil - 2$　　　　　　　B. $\lfloor 3N/2 \rfloor - 2$

C. $2N-2$　　　　　　　　　D. $2N-4$

51. 设 A 和 B 是两个长为 n 的有序数组，现在需要将 A 和 B 合并成一个排好序的数组，请问在归并算法中，在最坏情况下至少要做（　　）次比较。

A. $2n-1$　　　　　　　　　B. $2n$

C. n^2　　　　　　　　　　D. $n\log n$

52. 设某算法的计算时间表示为递推关系式 $T(n) = T(n-1) + n$（n 为正整数）及 $T(0) = 1$，则该算法的时间复杂度为（　　）。

A. $O(\log n)$　　　　　　　B. $O(n\log n)$

C. $O(n)$　　　　　　　　　D. $O(n^2)$

53. 一棵二叉树如右图所示，若采用顺序存储结构，即用一维数组元素存储该二叉树中的节点（根节点的下标为 1，若某节点的下标为 i，则其左孩子位于下标 $2i$ 处、右孩子位于下标 $2i+1$ 处），则该数组的最大下标至少为（　　）。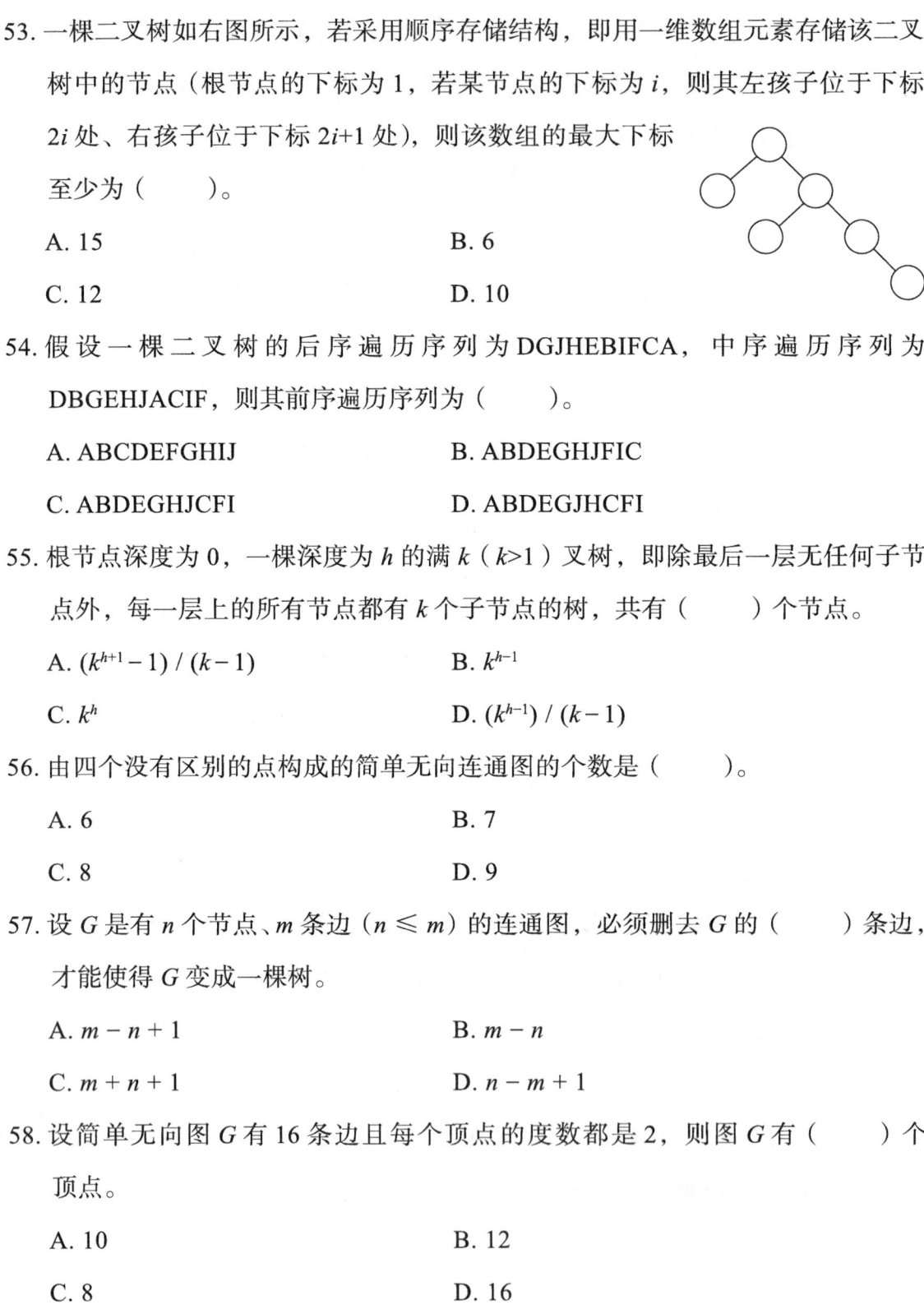

  A. 15   B. 6

  C. 12   D. 10

54. 假设一棵二叉树的后序遍历序列为 DGJHEBIFCA，中序遍历序列为 DBGEHJACIF，则其前序遍历序列为（　　）。

  A. ABCDEFGHIJ   B. ABDEGHJFIC

  C. ABDEGHJCFI   D. ABDEGJHCFI

55. 根节点深度为 0，一棵深度为 h 的满 k（$k>1$）叉树，即除最后一层无任何子节点外，每一层上的所有节点都有 k 个子节点的树，共有（　　）个节点。

  A. $(k^{h+1}-1)/(k-1)$ B. k^{h-1}

  C. k^h D. $(k^{h-1}-1)/(k-1)$

56. 由四个没有区别的点构成的简单无向连通图的个数是（　　）。

  A. 6   B. 7

  C. 8   D. 9

57. 设 G 是有 n 个节点、m 条边（$n \leq m$）的连通图，必须删去 G 的（　　）条边，才能使得 G 变成一棵树。

  A. $m-n+1$ B. $m-n$

  C. $m+n+1$ D. $n-m+1$

58. 设简单无向图 G 有 16 条边且每个顶点的度数都是 2，则图 G 有（　　）个顶点。

  A. 10   B. 12

  C. 8   D. 16

59. 6个顶点的连通图的最小生成树，其边数为（　　）。

   A. 6　　　　　　　　　　　　B. 5

   C. 7　　　　　　　　　　　　D. 4

60. 前序遍历序列与中序遍历序列相同的二叉树为（　　）。

   A. 根节点无左子树

   B. 根节点无右子树

   C. 只有根节点的二叉树或非叶子节点只有左子树的二叉树

   D. 只有根节点的二叉树或非叶子节点只有右子树的二叉树

61. 如果根的高度为1，具有61个节点的完全二叉树的高度为（　　）。

   A. 5　　　　　　　　　　　　B. 6

   C. 7　　　　　　　　　　　　D. 8

62. 中国的国家顶级域名是（　　）。

   A. china　　　　　　　　　　B. ch

   C. cn　　　　　　　　　　　　D. chn

63. 以下哪个奖项是计算机科学领域的最高奖？（　　）

   A. 普利策奖　　　　　　　　B. 诺贝尔奖

   C. 图灵奖　　　　　　　　　D. 鲁班奖

64. 以下哪一种设备属于输出设备？（　　）

   A. 扫描仪　　　　　　　　　B. 键盘

   C. 鼠标　　　　　　　　　　D. 打印机

65. 广域网的英文缩写是（　　）。

   A. LAN　　　　　　　　　　B. WAN

   C. MAN　　　　　　　　　　D. LNA

66. 中国计算机学会于（　　）年创办全国青少年计算机程序设计竞赛。

   A. 1983　　　　　　　　　　B. 1984

   C. 1985　　　　　　　　　　D. 1986

67. 下列协议中与电子邮件无关的是（　　）。

　　A. POP3　　　　　　　　　　B. SMTP

　　C. WTO　　　　　　　　　　D. IMAP

68. 计算机应用的最早领域是（　　）。

　　A. 数值计算　　　　　　　　B. 人工智能

　　C. 机器人　　　　　　　　　D. 过程控制

69. 下列不属于面向对象程序设计语言的是（　　）。

　　A. C　　　　　　　　　　　 B. C++

　　C. Java　　　　　　　　　　D. C#

70. NOI 的中文意思是（　　）。

　　A. 中国信息学联赛

　　B. 全国青少年信息学奥林匹克竞赛

　　C. 中国青少年信息学奥林匹克竞赛

　　D. 中国计算机协会

71. 从（　　）年开始，NOIP 竞赛将不再支持 Pascal 语言。

　　A. 2020　　　　　　　　　　B. 2021

　　C. 2022　　　　　　　　　　D. 2023

72. 以下不属于无线通信技术的是（　　）。

　　A. 蓝牙　　　　　　　　　　B. WiFi

　　C. GPRS　　　　　　　　　 D. 以太网

73. 以下不是 CPU 生产厂商的是（　　）。

　　A. Intel　　　　　　　　　　B. AMD

　　C. Microsoft　　　　　　　　D. IBM

74. 以下不是存储设备的是（　　）。

　　A. 光盘　　　　　　　　　　B. 磁盘

　　C. 固态硬盘　　　　　　　　D. 鼠标

75. 参加 NOI 比赛，以下不能带入考场的是（　　）。

   A. 钢笔 B. 适量的衣服

   C. U 盘 D. 铅笔

76. 以下不是微软公司出品的软件的是（　　）。

   A. Powerpoint B. Word

   C. Excel D. Acrobat Reader

77. 在 PC 中，PENTIUM（奔腾）、酷睿、赛扬等是指（　　）。

   A. 生产厂家名称 B. 硬盘的型号

   C. CPU 的型号 D. 显示器的型号

78. 操作系统的作用是（　　）。

   A. 把源程序译成目标程序 B. 便于进行数据管理

   C. 控制和管理系统资源 D. 实现硬件之间的连接

79. 下列说法正确的是（　　）。

   A. CPU 的主要任务是执行数据运算和程序控制

   B. 存储器具有记忆能力，其中的信息任何时候都不会丢失

   C. 两个显示器屏幕尺寸相同，则它们的分辨率必定相同

   D. 个人用户只能使用 WiFi 的方式连接到 Internet

80. 所谓的"中断"是指（　　）。

   A. 操作系统随意停止一个程序的运行

   B. 当有需要时，CPU 暂时停止当前程序的执行转而执行处理新情况的过程

   C. 停机而停止一个程序的运行

   D. 计算机死机

81. 计算机病毒是指（　　）。

   A. 通过计算机传播的危害人体健康的一种病毒

   B. 人为制造的能够侵入计算机系统并给计算机带来故障的程序或指令集合

C. 一种由于计算机元器件老化而产生的对生态环境有害的物质

D. 利用计算机的海量高速运算能力而研制出来的用于预防疾病的新型病毒

82. FTP 可以用于（　　）。

　　A. 远程传输文件　　　　　　B. 发送电子邮件

　　C. 浏览网页　　　　　　　　D. 网上聊天

83. 下面哪种软件不属于即时通信软件？（　　）

　　A. QQ　　　　　　　　　　B. MSN

　　C. 微信　　　　　　　　　　D. P2P

84. 下列选项中不属于视频文件格式的是（　　）。

　　A. TXT　　　　　　　　　　B. AVI

　　C. MOV　　　　　　　　　　D. RMVB

85. 在 NOI 系列赛事中参赛选手必须使用承办单位统一提供的设备。下列物品中不允许选手自带的是（　　）。

　　A. 鼠标　　　　　　　　　　B. 笔

　　C. 身份证　　　　　　　　　D. 准考证

86. 以下哪个是面向对象的高级语言？（　　）

　　A. 汇编语言　　　　　　　　B. C++

　　C. Fortran　　　　　　　　　D. Basic

87. 下列叙述中错误的是（　　）。

　　A. 微机应避免置于强磁场之中

　　B. 微机使用时间不宜过长，而应隔几个小时关机一次

　　C. 微机应避免频繁关开，以延长其使用寿命

　　D. 微机应经常使用，不宜长期闲置不用

88. 计算机网络最主要的优点是（　　）。

　　A. 运算速度快　　　　　　　B. 共享资源

　　C. 精度高　　　　　　　　　D. 存储容量大

89. 为了区分汉字与 ASCII 码，计算机中汉字编码的最高位为（　　）。

    A. 1　　　　　　　　　　　　B. 0

    C. -1　　　　　　　　　　　 D. 2

90. 一般来说，TCP/IP 的 IP 提供的服务是（　　）。

    A. 传输层服务　　　　　　　　B. 会话层服务

    C. 表示层服务　　　　　　　　D. 网络层服务

91. 通信时，模拟信号也可以用数字信道来传输，能实现模拟信号与数字信号之间转换功能的是（　　）。

    A. D/A　　　　　　　　　　　B. A/D

    C. Modem　　　　　　　　　　D. Codec

92. 不属于 Internet 功能的是（　　）。

    A. 聊天　　　　　　　　　　　B. 远程教育

    C. 查询资料　　　　　　　　　D. 传送能量

93. 下列描述计算机病毒的特性中，（　　）是不正确的。

    A. 潜伏性　　　　　　　　　　B. 传染性

    C. 高速性　　　　　　　　　　D. 危害性

94. 下面不属于网络操作系统的是（　　）。

    A. UNIX　　　　　　　　　　　B. WindowsNT

    C. Netware　　　　　　　　　 D. DOS

95. 根据《计算机软件保护条例》，中国公民开发的享有著作权的软件是（　　）。

    A. 不论何人、何地及发表与否的软件

    B. 只有公开发表的软件

    C. 只有单位发表的软件

    D. 只有个人在国内公开发表的软件

96. 一个栈的输入顺序为 1、2、3、4、5，下列序列中可能是栈的输出序列的是（　　）。

A. 54312 　　　　　　　　　　B. 24135

C. 21543 　　　　　　　　　　D. 12534

97. 下列 4 个不同进制表示的数中，最大的一个数是（　　）。

A. $(220.1)_{10}$ 　　　　　　　B. $(11011011.1)_2$

C. $(334.1)_8$ 　　　　　　　　D. $(DC.1)_{16}$

98. 关于软盘读写孔，正确的说法是（　　）。

A. 从该孔读信息

B. 从该孔写信息

C. 当该孔处于开状态时，不能删除盘中文件

D. 该孔没有作用

99. 计算机的软件系统通常分为（　　）。

A. 硬件系统和软件系统　　　　B. 高级软件和一般软件

C. 系统软件和应用软件　　　　D. 军用软件和民用软件

100. 以下与计算机领域密切相关的奖项是（　　）。

A. 奥斯卡奖　　　　　　　　　B. 图灵奖

C. 诺贝尔奖　　　　　　　　　D. 普利策奖

第七章 大　　题

考点分析

以下是近几年竞赛中大题部分主要考察的代码知识。

普及组 /CSP-J

题目/年份	2022	2021	2020	2019	2018	2017	2016	2015
阅读程序第1题	位运算、模拟	位运算、lowbit	字符串	字符串	逻辑题	循环	排列组合	排列组合
阅读程序第2题	动态规划、递归和递推	Base64解码	进制转换	桶数组	排列组合	排列组合	树	二叉树
阅读程序第3题	二分、数学	欧拉筛法求约数个数、约数和	动态规划	分治	字符串	桶数组	最值	比较大小
阅读程序第4题	/	/	/	/	循环	递归	循环	结构体
完善程序第1题	数学	约瑟夫环	质因子分解	矩阵变换（递归）	递归	字符串	交换	字符串
完善程序第2题	广搜	二分	贪心	计数排序（数组）	桶数组	循环	字符串	函数地址

提高组 /CSP-S

题目/年份	2022	2021	2020	2019	2018	2017	2016	2015	2014
阅读程序第1题	sunday算法	计算几何、球体积交	数组、循环、位运算	数组	循环	递归	数组逆序	结构体	循环
阅读程序第2题	基数排序	分治法求最大子段和	快排第k小	并查集	循环	幻方	字符串	指针	递归
阅读程序第3题	进制转换	Base64编码、解码	数据结构	字符串	字符串	归并排序	最长回文子序列	字符串	字符串
阅读程序第4题	/	/	/	/	排列	数组模拟	树的重心	递归	约瑟夫环
完善程序第1题	归并第k小	类似Dijkstra	贪心	拓扑排序	双向链表	高精度	排序、数据结构	子序列	数据结构
完善程序第2题	递归、数学	四个俄罗斯人算法	动态规划	博弈论	动态规划	拓扑排序	最短路	最短路	动态规划

基本可以确定的是：普及组以数组模拟和简单算法为主，而提高组中字符串和数据结构算是常考点。

其实无论大题考察的知识点是什么，考生加强自身代码基本功总是应该的，另外要注意，读考题代码和自己写代码是两码事，考前还是应当花时间刷题，读一些陌生的代码，尝试推导程序运行逻辑。

此外 2021 年 NOI 官方发布了竞赛大纲，考生可自行到官网下载查看。这里笔者整理了各类知识大致要学习的内容，以及建议的普及 / 提高组的学习路线，可供参考。

知识点	入门级 CSP-J	提高级 NOIP、CSP-S
计算机基础与编程环境	Windows、Linux 操作系统图形界面使用；开发环境配置、g++ 和 gcc 使用；集成开发环境使用	Windows 和 Linux 操作系统命令行使用；文本编辑工具；代码调试工具
C++ 程序设计	基本语法；头文件；命名空间；顺序结构；分支结构；循环结构；数组；函数；字符串；二维数组；多重循环；指针；结构体；文件读写、重定向；数学库常用函数；STL 常用函数和容器（algorithm、vector、queue、stack 等）	类；运算符重载；STL 常用模板（set、map、pair、priority_queue 等）
数据结构	栈；队列；链表；树、二叉树；图等	特殊栈；特殊队列；ST 表；并查集；线段树；树状数组；字典树；二分图；哈希表等
算法	枚举；模拟；贪心；递推；递归；二分；倍增；高精度；排序；图论深搜、广搜、洪水填充；简单动态规划；背包问题；区间 DP	复杂度分析；分治；排序；KMP；各种搜索与优化；最小生成树；次小生成树；单源最短路；单源次短路；拓扑排序；欧拉回路；二分图；LCA；强连通分量；缩点；割点；割边；树形 DP；状压 DP
数学	进制；字符编码；初中数学；约数、倍数；指数、质数、合数；辗转相除法；两个筛法；排列组合；杨辉三角	代数；几何；同余式；裴蜀定理；扩展欧几里得；中国剩余定理；逆元；欧拉定理；费马小定理；威尔逊定理；排列组合；容斥原理；鸽巢原理；卡特兰数；矩阵运算；高斯消元法

首先计算机的基本操作和工具的使用要熟练，以 Windows 为主，最好也熟悉 Linux。命令行、文件读写、重定向等若不太习惯可以稍微延后，等到考前熟悉一下即可。

然后是 C++ 基本语法，指针即便用得少也要熟悉，某年阅读程序题有考过指针和引用的差异。class 类与指针一样，用得不多但是需要能看得懂，2020 年刚考了类的代码阅读题。其他全部都应熟练掌握，较难的可稍微延后，搭配算法在练题时熟悉。

接下来可以先学习暴力算法的枚举、搜索以及各种优化，先保证不管什么题都能做出来，拿到一些分数，然后再学习各类算法和数据结构并拿到满分。数学部分的题目相对较少一些，同余、编码、初中和高中数学知识较为重要，其余的各种定理视自身能力而定。

算法部分的学习不建议深度优先，最好是先入门各类算法，再接着研究各类算法的较难题和各种优化，然后学习提高组的各种知识点，再接着研究难题。学习期间要多思考多动手，搭配题库刷题、模拟考试训练，找到适合学习的环境、平台、网站，保持热情和兴趣。

第一节　判断题和选择题

一、

```
#include <cstdio>
#include <cstring>
using namespace std;
char st[100];
int main() {
    scanf("%s", st);
    int n = strlen(st);
    for (int i = 1; i <= n; ++i) {          // 8行
        if (n % i == 0) {
            char c = st[i - 1];
            if (c >= 'a')
                st[i - 1] = c - 'a' + 'A';
        }
    }
    printf("%s", st);
    return 0;
}
```

判断题

1. 输入的字符串只能由小写字母或大写字母组成。(　　)

2. 若将第 8 行的 "i = 1" 改为 "i = 0"，程序运行时会发生错误。(　　)

3. 若将第 8 行的 "i <= n" 改为 "i * i <= n"，程序运行结果不会改变。(　　)

4. 若输入的字符串全部由大写字母组成，那么输出的字符串就跟输入的字符串一样。(　　)

选择题

5. 若输入的字符串长度为 18，那么输入的字符串同输出的字符串相比，至多有 (　　) 个字符不同。

　　A. 18　　　　　　　　　　　　B. 6

　　C. 10　　　　　　　　　　　　D. 1

6. 若输入的字符串长度为 (　　)，那么输入的字符串同输出的字符串相比，至多有 36 个字符不同。

　　A. 36　　　　　　　　　　　　B. 100000

　　C. 1　　　　　　　　　　　　 D. 128

二、

```
#include<cstdio>
using namespace std;
int n, m;
int a[100], b[100];

int main() {
    scanf("%d%d", &n, &m);
    for (int i = 1; i <= n; ++i)
        a[i] = b[i] = 0;
    for (int i = 1; i <= m; ++i) {
        int x, y;
        scanf("%d%d", &x, &y);
        if (a[x] < y && b[y] < x) { // 13行
            if (a[x] > 0)
                b[a[x]] = 0;        // 15行
            if (b[y] > 0)
                a[b[y]] = 0;
```

```
            a[x] = y;
            b[y] = x;
        }
    }
    int ans = 0;
    for (int i = 1; i <= n; ++i) {
        if (a[i] == 0)
            ++ans;
        if (b[i] == 0)
            ++ans;                    // 27行
    }
    printf("%d", ans);
    return 0;
}
```

假设输入的 n 和 m 都是正整数，x 和 y 都是在 [1, n] 范围内的整数，完成下面的判断题和单选题。

判断题

1. 当 m>0 时，输出的值一定小于 2n。（   ）

2. 执行完第 27 行的 "++ans" 时，ans 一定是偶数。（   ）

3. a[i] 和 b[i] 不可能同时大于 0。（   ）

4. 若程序执行到第 13 行时，x 总是小于 y，那么第 15 行不会被执行。（   ）

选择题

5. 若 m 个 x 两两不同，且 m 个 y 两两不同，则输出的值为（   ）。

   A. 2n−2m　　　　　　　　　　B. 2n+2

   C. 2n−2　　　　　　　　　　　D. 2n

6. 若 m 个 x 两两不同，且 m 个 y 都相等，则输出的值为（   ）。

   A. 2n−2　　　　　　　　　　　B. 2n

   C. 2m　　　　　　　　　　　　D. 2n−2m

三、

```
#include <iostream>
using namespace std;
const int maxn = 10000;
```

```
int n;
int a[maxn];
int b[maxn];
int f(int l, int r, int depth) {
    if (l > r)
        return 0;
    int min = maxn, mink;
    for (int i = l; i <= r; ++i) {
        if (min > a[i]) {    // 12行
            min = a[i];
            mink = i;
        }
    }
    int lres = f(l, mink - 1, depth + 1);
    int rres = f(mink + 1, r, depth + 1);
    return lres + rres + depth * b[mink];
}
int main() {
    cin >> n;
    for (int i = 0; i < n; ++i)
        cin >> a[i];
    for (int i = 0; i < n; ++i)
        cin >> b[i];
    cout << f(0, n - 1, 1) << endl;
    return 0;
}
```

判断题

1. 如果 a 数组有重复的数字,则程序运行时会发生错误。( )

2. 如果 b 数组全为 0,则输出为 0。( )

选择题

3. 当 n=100 时,在最坏情况下,与第 12 行的比较运算执行的次数最接近的是( )。

   A. 5000 B. 600

   C. 6 D. 100

4. 当 n=100 时,在最好情况下,与第 12 行的比较运算执行的次数最接近的是( )。

   A. 100 B. 6

C. 5000
D. 600

5. 当 n=10 时，若 b 数组满足，对任意 0 <= i < n，都有 b[i] = i + 1，那么输出最大为（   ）。

A. 386
B. 383
C. 384
D. 385

6. 当 n=100 时，若 b 数组满足，对任意 0 <= i < n，都有 b[i] = 1，那么输出最小为（   ）。

A. 582
B. 580
C. 579
D. 581

四、

```
#include <iostream>
using namespace std;

int n;
int d[1000];

int main() {
    cin >> n;
    for (int i = 0; i < n; ++i)
        cin >> d[i];
    int ans = -1;
    for (int i = 0; i < n; ++i)
        for (int j = 0; j < n; ++j)  // 13行
            if (d[i] < d[j])          // 14行
                ans = max(ans, d[i] + d[j] - (d[i] & d[j]));
    cout << ans;
    return 0;
}
```

假设输入的 n 和 d[i] 都是不超过 10000 的正整数，完成下面的判断题和单选题。

判断题

1. n 必须小于 1000，否则程序可能会发生运行错误。(   )

2. 输出一定大于或等于 0。(   )

3. 若将第 13 行的 "j = 0" 改为 "j = i + 1"，程序输出可能会改变。(   )

4. 将第 14 行的 "d[i] < d[j]" 改为 "d[i] != d[j]", 程序输出不会改变。(　　)

单选题

5. 若输入 n 为 100, 且输出为 127, 则输入的 d[i] 中不可能有 (　　)。

   A. 127　　　　　　　　　　B. 126

   C. 128　　　　　　　　　　D. 125

6. 若输出的数大于 0, 则下列说法正确的是 (　　)。

   A. 若输出为偶数, 则输入的 d[i] 中最多有两个偶数

   B. 若输出为奇数, 则输入的 d[i] 中至少有两个奇数

   C. 若输出为偶数, 则输入的 d[i] 中至少有两个偶数

   D. 若输出为奇数, 则输入的 d[i] 中最多有两个奇数

五、

```
#include <iostream>
#include <cstdlib>
using namespace std;

int n;
int d[10000];

int find(int L, int R, int k) {
    int x = rand() % (R - L + 1) + L;        // 9行
    swap(d[L], d[x]);
    int a = L + 1, b = R;
    while (a < b) {              // 12行
        while (a < b && d[a] < d[L])
            ++a;
        while (a < b && d[b] >= d[L])
            --b;
        swap(d[a], d[b]);        // 17行
    }
    if (d[a] < d[L])             // 19行
        ++a;
    if (a - L == k)
        return d[L];
    if (a - L < k)
        return find(a, R, k - (a - L));
    return find(L + 1, a - 1, k);
}

int main() {
```

```
    int k;
    cin >> n;
    cin >> k;
    for (int i = 0; i < n; ++i)
        cin >> d[i];
    cout << find(0, n - 1, k);
    return 0;
}
```

假设输入的 n、k 和 d[i] 都是不超过 10000 的正整数，且 k 不超过 n，并假设 rand() 函数产生的是均匀的随机数，完成下面的判断题和单选题。

判断题

1. 第 9 行的"x"的数值范围是 L+1 到 R，即 [L+1, R]。（　　）

2. 将第 19 行的"d[a]"改为"d[b]"，程序不会发生运行错误。（　　）

单选题

3. 当输入的 d[i] 是严格单调递增序列时，第 17 行的"swap"平均执行次数是（　　）。

   A. $O(n\log n)$ B. $O(\log^2 n)$

   C. $O(\log n)$ D. $O(n^2)$

4. 当输入的 d[i] 是严格单调递减序列时，第 17 行的"swap"平均执行次数是（　　）。

   A. $O(n^2)$ B. $O(n)$

   C. $O(n\log n)$ D. $O(\log n)$

5. 若输入的 d[i] 为 i，此程序①平均的时间复杂度和②最坏情况下的时间复杂度分别是（　　）。

   A. $O(n)$、$O(n^2)$ B. $O(n)$、$O(n\log n)$

   C. $O(n\log n)$、$O(n^2)$ D. $O(n\log n)$、$O(n\log n)$

6. 若输入的 d[i] 都为同一个数，此程序平均的时间复杂度是（　　）。

   A. $O(n)$ B. $O(\log n)$

   C. $O(n\log n)$ D. $O(n^2)$

六、

```cpp
#include <iostream>
using namespace std;
const int maxn = 1000;
int n;
int fa[maxn], cnt[maxn];

int getRoot(int v) {
    if (fa[v] == v) return v;
    return getRoot(fa[v]);
}

int main() {
    cin >> n;
    for (int i = 0; i < n; ++i) {
        fa[i] = i;      // 16行
        cnt[i] = 1;
    }
    int ans = 0;
    for (int i = 0; i < n - 1; ++i) {
        int a, b, x, y;
        cin >> a >> b;
        x = getRoot(a);
        y = getRoot(b);
        ans += cnt[x]*cnt[y];      // 25行
        fa[x] = y;      // 26行
        cnt[y] += cnt[x];
    }
    cout << ans << endl;
    return 0;
}
```

判断题

1. 输入的 a 和 b 值应在 [0, n−1] 的范围内。(　　)

2. 第 16 行改成 " fa[i] = 0;"，不影响程序运行结果。(　　)

3. 若输入的 a 和 b 值均在 [0, n−1] 的范围内，则对于任意 0 <= i < n，都有 0 <= fa[i] < n。(　　)

4. 若输入的 a 和 b 值均在 [0, n−1] 的范围内，则对于任意 0 <= i < n，都有 1 <= cnt[i] <= n。(　　)

选择题

5. 当 n=50 时，若 a、b 的值都在 [0, 49] 的范围内，且在第 25 行时 x 总是不等于 y，那么输出为（　　）。

   A. 1276　　　　　　　　　　B. 1176

   C. 1225　　　　　　　　　　D. 1250

6. 此程序的时间复杂度是（　　）。

   A. $O(n)$　　　　　　　　　B. $O(\log n)$

   C. $O(n^2)$　　　　　　　　D. $O(n\log n)$

七、

矩阵变换。

有一个奇幻的矩阵，在不停地变换，其变换方式为：

1）数字 0 变成矩阵

　　　　　　　　0　0
　　　　　　　　0　1

2）数字 1 变成矩阵

　　　　　　　　1　1
　　　　　　　　1　0

最初该矩阵只有一个元素 0，变换 n 次后，矩阵会变成什么样？

例如，矩阵最初为 0，变换一次后为：

　　　　　　　　0　0
　　　　　　　　0　1

矩阵变换 2 次后为：

　　　　　　　　0 0 0 0
　　　　　　　　0 1 0 1
　　　　　　　　0 0 1 1
　　　　　　　　0 1 1 0

输入一个不超过 10 的正整数 n。输出变换 n 次后的矩阵。

试补全程序。

提示：

1）"<<" 表示二进制左移运算符，例如 $(11)_2 << 2 = (1100)_2$。

2）而 "^" 表示二进制异或运算符，它将两个运算的数中的每个对应的二进制位一一进行比较，若两个二进制位相同，则运算结果的对应二进制位为 0，反之为 1。

```
#include <cstdio>
using namespace std;
int n;
const int max_size = 1 << 10;

int res[max_size][max_size];
void recursive(int x, int y, int n, int t) {
    if (n == 0) {
        res[x][y] = ①;
        return;
    }
    int step = 1 << (n - 1);
    recursive(②, n - 1, t);
    recursive(x, y + step, n - 1, t);
    recursive(x + step, y, n - 1, t);
    recursive(③, n - 1, !t);
}

int main() {
    scanf("%d", &n);
    recursive(0, 0, ④);
    int size = ⑤;
    for (int i = 0; i < size; i++) {
        for (int j = 0; j < size; j++)
            printf("%d", res[i][j]);
        puts("");
    }
    return 0;
}
```

1. ①处应填（   ）。

   A. n%2   B. 0

   C. t   D. 1

2. ②处应填（   ）。

   A. x-step, y-step   B. x, y-step

C. x-step, y   D. x, y

3. ③处应填（　　）。

   A. x-step, y-step   B. x+step, y+step

   C. x-step, y   D. x, y-step

4. ④处应填（　　）。

   A. n-1, n%2   B. n, 0

   C. n, n%2   D. n-1, 0

5. ⑤处应填（　　）。

   A. 1<<(n+1)   B. 1<<n

   C. n+1   D. 1<<(n-1)

八、

计数排序。

计数排序是一个广泛使用的排序方法。下面的程序使用双关键字计数排序，对 n 对 10000 以内的整数，从小到大排序。

例如有三对整数（3，4）、（2，4）、（3，3），那么排序之后应该是（2，4）、（3，3）、（3，4）。

输入第一行为 n，接下来输入 n 行，第 i 行有两个数 a[i] 和 b[i]，分别表示第 i 对整数的第一关键字和第二关键字。

数据范围：$1<n<10^7$, $1<a[i], b[i]<10^4$。

提示：应先对第二关键字排序，再对第一关键字排序。数组 ord[] 存储第二关键字排序的结果，数组 res[] 存储双关键字排序的结果。

试补全程序。

```
#include <cstdio>
#include <cstring>
using namespace std;
const int maxn = 10000000;
const int maxs = 10000;
```

```
    int n;
    unsigned a[maxn], b[maxn],res[maxn], ord[maxn];
    unsigned cnt[maxs + 1];
    int main() {
        scanf("%d", &n);
        for (int i = 0; i < n; ++i)
            scanf("%d%d", &a[i], &b[i]);
        memset(cnt, 0, sizeof(cnt));
        for (int i = 0; i < maxs; ++i)
            ①;  //利用cnt数组统计数量
        for (int i = 0; i < n; ++i)
            cnt[i + 1] += cnt[i];
        for (int i = 0; i < n; ++i)
            ②;  //记录初步排序结果
        memset(cnt, 0, sizeof(cnt));
        for (int i = 0; i < n; ++i)
            ③;  //利用cnt数组统计数量
        for (int i = 0; i < maxs; ++i)
            cnt[i + 1] += cnt[i];
        for (int i = n - 1; i >= 0; --i)
            ④   //记录最终排序结果
        for (int i = 0; i < n; i++)
            printf("%d %d", ⑤);

        return 0;
    }
```

1. ①处应填（   ）。

   A. ++cnt [i]   B. ++cnt[b[i]]

   C. ++cnt[a[i] * maxs + b[i]]   D. ++cnt[a[i]]

2. ②处应填（   ）。

   A. ord[--cnt[a[i]]] = i   B. ord[--cnt[b[i]]] = a[i]

   C. ord[--cnt[a[i]]] = b[i]   D. ord[--cnt[b[i]]] = i

3. ③处应填（   ）。

   A. ++cnt[b[i]]   B. ++cnt[a[i] * maxs + b[i]]

   C. ++cnt[a[i]]   D. ++cnt [i]

4. ④处应填（   ）。

   A. res[--cnt[a[ord[i]]]] = ord[i]   B. res[--cnt[b[ord[i]]]] = ord[i]

   C. res[--cnt[b[i]]] = ord[i]   D. res[--cnt[a[i]]] = ord[i]

5. ⑤处应填（   ）。

  A. a[i], b[i]　　　　　　　　　　B. a[res[i]], b[res[i]]

  C. a[ord[res[i]]]j b[ord[res[i]]]　　D. a[res[ord[i]]]j b[res[ord[i]]]

第二节　程序阅读题

一、

```
#include<iostream>
using namespace std;
int x,y,z;
void silly(int x,int& y)
{
    x=5;y=6;z=3;
    cout<<x<<y<<z<<endl;
}
int main()
{
    x=1;y=2;z=3;
    silly(x,y);
    cout<<x<<y<<z<<endl;
    return 0;
}
```

输出：

二、

```
#include <iostream>
using namespace std;
int g(int m, int n, int x)
{
    int ans = 0;
    int i;
    if (n == 1)
        return 1;
    for (i = x; i <= m / n; i++)
        ans += g(m - i, n - 1, i);
    return ans;
}
int main()
{
```

```
        int m, n;
        cin >> m >> n;
        cout << g(m, n, 0) << endl;
        return 0;
    }
```

输入:

8 4

输出:

三、

```
#include <iostream>
using namespace std;
int main() {
    int n, i, j, x, y, nx, ny;
    int a[40][40];
    for (i = 0; i < 40; i++)
        for (j = 0; j < 40; j++)
            a[i][j] = 0;
    cin >> n;
    y = 0; x = n - 1;
    n = 2 * n - 1;
    for (i = 1; i <= n * n; i++) {
        a[y][x] = i;
        ny = (y - 1 + n) % n;
        nx = (x + 1) % n;
        if ((y == 0 && x == n - 1) || a[ny][nx] != 0)
            y = y + 1;
        else { y = ny; x = nx; }
    }
    for (j = 0; j < n; j++)
        cout << a[0][j] << " ";
    cout << endl;
    return 0;
}
```

输入:

3

输出:

四、

```cpp
#include <iostream>
using namespace std;
int n, s, a[100005], t[100005], i;
void mergesort(int l, int r) {
    if (l == r)
        return;
    int mid = (l + r) / 2;
    int p = l;
    int i = l;
    int j = mid + 1;
    mergesort(l, mid);
    mergesort(mid + 1, r);
    while (i <= mid && j <= r) {
        if (a[j] < a[i]) {
            s += mid - i + 1;
            t[p] = a[j];
            p++;
            j++;
        }
        else {
            t[p] = a[i];
            p++;
            i++;
        }
    }
    while (i <= mid) {
        t[p] = a[i];
        p++;
        i++;
    }
    while (j <= r) {
        t[p] = a[j];
        p++;
        j++;
    }
    for (i = l; i <= r; i++)
        a[i] = t[i];
}
int main() {
    cin >> n;
    for (i = 1; i <= n; i++)
        cin >> a[i];
    mergesort(1, n);
    cout << s << endl;
    return 0;
}
```

输入：

6
2 6 3 4 5 1

输出：

五、

```cpp
#include <iostream>
using namespace std;
int main() {
    int n, m;
    cin >> n >> m;
    int x = 1;
    int y = 1;
    int dx = 1;
    int dy = 1;
    int cnt = 0;
    while (cnt != 2) {
        cnt = 0;
        x = x + dx;
        y = y + dy;
        if (x == 1 || x == n) {
            ++cnt;
            dx = -dx;
        }
        if (y == 1 || y == m) {
            ++cnt;
            dy = -dy;
        }
    }
    cout << x << " " << y << endl;
    return 0;
}
```

输入：

4 3
2017 1014
987 321

输出：

六、

```cpp
#include <iostream>
using namespace std;
int lps(string seq, int i, int j) {
    int len1, len2;
    if (i == j)
        return 1;
    if (i > j)
        return 0;
    if (seq[i] == seq[j])
        return lps(seq, i + 1, j - 1) + 2;
    len1 = lps(seq, i, j - 1);
    len2 = lps(seq, i + 1, j);
    if (len1 > len2)
        return len1;
    return len2;
}
int main() {
    string seq = "acmerandacm";
    int n = seq.size();
    cout << lps(seq, 0, n - 1) << endl;
    return 0;
}
```

输出：

七、

```cpp
#include <iostream>
#include <cstring>
using namespace std;

const int SIZE = 100;
int n, m, p, a[SIZE][SIZE], count;

void colour(int x, int y)
{
    count++;
    a[x][y] = 1;
    if ((x > 1) && (a[x - 1][y] == 0))
        colour(x - 1, y);
    if ((y > 1) && (a[x][y - 1] == 0))
        colour(x, y - 1);
    if ((x < n) && (a[x + 1][y] == 0))
        colour(x + 1, y);
    if ((y < m) && (a[x][y + 1] == 0))
```

```
            colour(x, y + 1);
}

int main()
{
    int i, j, x, y, ans;
    memset(a, 0, sizeof(a));
    cin>>n>>m>>p;
    for (i = 1; i <= p; i++)
    {
        cin>>x>>y; a[x][y] = 1;
    }
    ans = 0;
    for (i = 1; i <= n; i++)
        for (j = 1; j <= m; j++)
            if (a[i][j] == 0)
            {
                count = 0;
                colour(i, j);
                if (ans < count)
                    ans = count;
            }
    cout<<ans<<endl;
    return 0;
}
```

输入：

6 5 9
1 4
2 3
2 4
3 2
4 1
4 3
4 5
5 4
6 4

输出：

八、

```
#include<iostream>
using namespace std;
int m,n;
void fen(int i,int j,string s)
```

```
{
    if(j==1)cout<<m<<'='<<s<<i<<endl;
    else{
        for(int k=1;k<=i-j+1;k++){
            int x=k;
            string sl="";
            while(x){
                sl=char(x%10+'0')+sl;
                x/=10;
            }
            fen(i-k,j-1,s+sl+'+');
        }
    }
}
int main()
{
    cin>>m>>n;
    fen(m,n,"");
    return 0;
}
```

输入：

6 3

输出：

第三节　程序完善题

一、大整数除法

给定两个正整数 p 和 q，其中 p 不超过 10^{100}，q 不超过 100000，求 p 除以 q 的商和余数。

输入：第一行是 p 的位数 n，第二行是正整数 p，第三行是正整数 q。

输出：两行，分别是 p 除以 q 的商和余数。

```
#include <iostream>
using namespace std;
int p[100];
int n, i, q, rest;
char c;
```

```
int main() {
    cin >> n;
    for (i = 0; i < n; i++) {
        cin >> c;
        p[i] = c - '0';
    }
    cin >> q;
    rest = ??? ;                              // 1
    i = 1;
    while ( ??? && i < n) {                   // 2
        rest = rest * 10 + p[i];
        i++;
    }
    if (rest < q)
        cout << 0 << endl;
    else {
        cout << ??? ;                         // 3
        while (i < n) {
            rest = ??? ;                      // 4
            i++;
            cout << rest / q;
        }
        cout << endl;
    }
    cout << ??? << endl;                      // 5
    return 0;
}
```

二、最长路径

给定一个有向无环图，每条边长度为1，求图中的最长路径长度。

输入：第一行是节点数 n（不超过 100）和边数 m，接下来 m 行，每行两个整数 a、b，表示从节点 a 到节点 b 有一条有向边。节点标号从 0 到 n−1。

输出：最长路径长度。

提示：先进行拓扑排序，然后按照拓扑排序计算最长路径。

```
#include <iostream>
using namespace std;
int n, m, i, j, a, b, head, tail, ans;
int graph[100][100];      //用邻接矩阵存储图
int degree[100];          //记录每个节点的入度
int len[100];             //记录以各节点为终点的最长路径长度
int queue[100];           //存放拓扑排序结果
int main() {
    cin >> n >> m;
```

```
for (i = 0; i < n; i++)
    for (j = 0; j < n; j++)
        graph[i][j] = 0;
for (i = 0; i < n; i++)
    degree[i] = 0;
for (i = 0; i < m; i++) {
    cin >> a >> b;
    graph[a][b] = 1;
    ??? ;    // 1
}
tail = 0;
for (i = 0; i < n; i++)
    if ( ??? ) {   // 2
        queue[tail] = i;
        tail++;
    }
head = 0;
while (tail < n - 1) {
    for (i = 0; i < n; i++)
        if (graph[queue[head] ][i] == 1) {
            ??? ;  // 3
            if (degree[i] == 0) {
                queue[tail] = i;
                tail++;
            }
        }
    ??? ;    // 4
}
ans = 0;
for (i = 0; i < n; i++) {
    a = queue[i];
    len[a] = 1;
    for (j = 0; j < n; j++)
        if (graph[j][a] == 1 && len[j] + 1 > len[a])
            len[a] = len[j] + 1;
    if ( ??? )     // 5
        ans = len[a];
}
cout << ans << endl;
return 0;
}
```

三、交朋友

社会学研究表明，人们都喜欢找与自己身高相近的人做朋友。现在有 n 名身高两两不相同的同学依次走入教室，调查人员想预测每个人在走入教室的瞬间最想与已经进入教室的哪个人做朋友。当有两名同学与这名同学的身高差一样时，这名同学会更想与高的那个人做朋友。比如一名身高为 1.80 米的同学进入教室时，有一名身高为 1.79 米的同学和一名身高为 1.81 米的同学在教室里，那么这名身高为 1.80 米的同学会更想与身高为 1.81 米的同学做朋友。对于第一个走入教室的同学我们不做预测。

由于知道所有人的身高和走进教室的次序，所以可以采用离线的做法来解决这样的问题，我们用排序加链表的方式帮助每一个人找到在他之前进入教室的并且与他身高最相近的人。

```cpp
#include <iostream>
using namespace std;
#define MAXN 200000
#define infinity 2147483647
int answer[MAXN], height[MAXN], previous[MAXN], next[MAXN];
int rank[MAXN];
int n;
void sort(int l, int r) {
    int x = height[rank[(l + r) / 2]], i = l, j = r, temp;
    while (i <= j)
    {
        while (height[rank[i]] < x) i++;
        while (height[rank[j]] > x) j--;
        if ( ??? ) {   // 1
            temp = rank[i]; rank[i] = rank[j]; rank[j] = temp;
            i++; j--;
        }
    }
    if (i < r) sort(i, r);
    if (l < j) sort(l, j);
}
int main()
{
    cin >> n;
    int i, higher, shorter;
    for (i = 1; i <= n; i++) {
        cin >> height[i];
        rank[i] = i;
    }
    sort(1, n);
    for (i = 1; i <= n; i++) {
        previous[rank[i]] = rank[i - 1];
        ??? ;    // 2
    }
    for (i = n; i >= 2; i--) {
        higher = shorter = infinity;
        if (previous[i] != 0)
            shorter = height[i] - height[previous[i]];
```

```
        if (next[i] != 0)
            ??? ;     // 3
        if ( ??? )    // 4
            answer[i] = previous[i];
        else
            answer[i] = next[i];
        next[previous[i]] = next[i];
        ??? ;   // 5
    }
    for (i = 2; i <= n; i++)
        cout << i << ":" << answer[i];
    return 0;
}
```

四、交通中断

有一个小国家，国内有 n 座城市和 m 条双向的道路，每条道路连接着两座不同的城市。其中 1 号城市为首都。由于地震频繁，某一个城市与外界交通可能会因地震而全部中断。这个国家的首脑想知道，如果只有第 i(i>1) 个城市因地震而交通中断，首都到多少个城市的最短路径长度会发生改变。如果因为无法通过第 i 个城市而导致从首都出发无法到达某个城市，也认为到达该城市的最短路径长度发生改变。

对于每一个城市 i，假定只有第 i 个城市与外界交通中断，输出有多少个城市会因此导致到首都的最短路径长度发生改变。

我们采用邻接表的方式存储图的信息，其中 head[x] 表示顶点 x 的第一条边的编号，next[i] 表示第 i 条边的下一条边的编号，point[i] 表示第 i 条边的终点，weight[i] 表示第 i 条边的长度。

```
#include <iostream>
#include <cstring>
using namespace std;
#define MAXN 6000
#define MAXM 100000
#define infinity 2147483647
int head[MAXN], next[MAXM], point[MAXM], weight[MAXM];
int queue[MAXN], dist[MAXN], visit[MAXN];
int n, m, x, y, z, total = 0, answer;
void link(int x,int y,int z) {
    total++;
    next[total] = head[x];
    head[x] = total;
```

```
        point[total] = y;
        weight[total] = z;
        total++;
        next[total] = head[y];
        head[y] = total;
        point[total] = x;
        weight[total] = z;
    }
    int main() {
        int i, j, s, t;
        cin >> n >> m;
        for (i = 1; i <= m; i++) {
            cin >> x >> y >> z;
            link(x, y, z);
        }
        for (i = 1; i <= n; i++) dist[i] = infinity;
        ??? ;      // 1
        queue[1] = 1;
        visit[1] = 1;
        s = 1;
        t = 1;
        //使用SPFA求出第一个点到其余各点的最短路长度
        while (s <= t) {
            x = queue[s % MAXN];
            j = head[x];
            while (j != 0) {
                if ( ??? ) {       // 2
                    dist[point[j]] = dist[x] + weight[j];
                    if (visit[point[j]] == 0) {
                        t++;
                        queue[t % MAXN] = point[j];
                        visit[point[j]] = 1;
                    }
                }
                j = next[j];
            }
            ??? ;   // 3
            s++;
        }
        for (i = 2; i <= n; i++) {
            queue[1] = 1;
            memset(visit, 0, sizeof(visit));
            visit[1] = 1;
            s = 1;
            t = 1;
            while (s <= t) { //判断最短路长度是否不变
                x = queue[s];
                j = head[x];
                while (j != 0) {
                    if (point[j] != i && ???   // 4
```

```
                        && visit[point[j]] == 0) {
                    ??? ;      // 5
                    t++;
                    queue[t] = point[j];
                }
                j = next[j];
            }
            s++;
        }
        answer = 0;
        for (j = 1; j <= n; j++)
            answer += 1 - visit[j];
        cout << i << ":" << answer - 1 << endl;
    }
    return 0;
}
```

五、双子序列最大和

给定一个长度为 n（3≤n≤1000）的整数序列，要求从中选出两个连续子序列，使得这两个连续子序列的序列之和最大，最终只需输出这个最大和。一个连续子序列的序列和为该连续子序列中所有数之和。要求：每个连续子序列长度至少为 1，且两个连续子序列之间至少间隔 1 个数。

```
#include <iostream>
using namespace std;
const int MAXN = 1000;
int n, i, ans, sum;
int x[MAXN];
int lmax[MAXN];
// lmax[i]为仅含x[i]及x[i]左侧整数的连续子序列的序列和中最大的序列和
int rmax[MAXN];
// rmax[i]为仅含x[i]及x[i]右侧整数的连续子序列的序列和中最大的序列和
int main() {
    cin >> n;
    for (i = 0; i < n; i++)
        cin >> x[i];
    lmax[0] = x[0];      // 14行
    for (i = 1; i < n; i++)
        if (lmax[i - 1] <= 0)
            lmax[i] = x[i];
        else
            lmax[i] = lmax[i - 1] + x[i];
    for (i = 1; i < n; i++)
        if (lmax[i] < lmax[i - 1])
            lmax[i] = lmax[i - 1];  // 22行
    ??? ;              // 1    23行
```

```
    for (i = n - 2; i >= 0; i--)
        if (rmax[i + 1] <= 0)
            ??? ;          // 2
        else
            ??? ;          // 3
    for (i = n - 2; i >= 0; i--)
        if (rmax[i] < rmax[i + 1])
            ??? ;          // 4    31行
    ans = x[0] + x[2];
    for (i = 1; i < n - 1; i++) {
        sum = ??? ;        // 5
        if (sum > ans)
            ans = sum;
    }
    cout << ans << endl;
    return 0;
}
```

六、最短路径问题

无向连通图 G 有 n 个节点，依次编号为 0、1、2、…、n-1。用邻接矩阵的形式给出每条边的边长，要求输出以节点 0 为起点出发，到各节点的最短路径长度。

使用 Dijkstra 算法解决该问题：利用 dist 数组记录当前各节点与起点的已找到的最短路径长度；每次从未扩展的节点中选取 dist 值最小的节点 v 进行扩展，更新与 v 相连的节点的 dist 值；不断进行上述操作直至所有节点均被扩展，此时 dist 数据中记录的值即为各节点与起点的最短路径长度。

```cpp
#include <iostream>
using namespace std;
const int MAXV = 100;
int n, i, j, v;
int w[MAXV][MAXV]; //邻接矩阵，记录边长
//其中w[i][j]为连接节点i和节点j的无向边长度，若无边则为-1
int dist[MAXV];
int used[MAXV]; //记录节点是否已扩展(0:未扩展；1:已扩展)
int main() {
    cin >> n;
    for (i = 0; i < n; i++)
        for (j = 0; j < n; j++)
            cin >> w[i][j];
    dist[0] = 0;
    for (i = 1; i < n; i++)
        dist[i] = -1;
    for (i = 0; i < n; i++)
        used[i] = 0;
```

```
    while (true) {
        ??? ;              // 1
        for (i = 0; i < n; i++)
            if (used[i] != 1 && dist[i] != -1 && (v == -1 || ??? ))    // 2   22行
                ??? ;  // 3
        if (v == -1)
            break;
        ??? ;              // 4
        for (i = 0; i < n; i++)
            if (w[v][i] != -1 && (dist[i] == -1 || ??? ))    // 5
                dist[i] = dist[v] + w[v][i];
    }
    for (i = 0; i < n; i++)
        cout << dist[i] << endl;
    return 0;
}
```

七、双栈模拟数组

只是用两个栈结构 stack1 和 stack2，模拟对数组的随机读取。作为栈结构，stack1 和 stack2 只能访问栈顶（最后一个有效元素）。栈顶指针 top1 和 top2 均指向栈顶元素的下一个位置。

输入的第一行包含两个整数，分别是数组长度 n 和访问次数 m，中间用单个空格隔开。第二行包含 n 个整数，依次给出数组各项（数组下标从 0 到 n-1）。第三行包含 m 个整数，表示需要访问的数组下标。对于每次访问，输出对应的数组元素。

```
#include<iostream>
using namespace std;

const int SIZE = 100;

int stack1[SIZE], stack2[SIZE];
int top1, top2;
int n, m, i, j;

void clearStack() {
    int i;
    for(i = top1; i < SIZE; i++)
        stack1[i] = 0;
    for(i = top2; i < SIZE; i++)
        stack2[i] = 0;
}

int main() {
    cin >> n >> m;
```

```
        for(i = 0; i < n; i++)
            cin >> stack1[i];
        top1 = ???; // 1
        top2 = ???; // 2
        for(j = 0; j < m; j++) {
            cin >> i;
            while(i < top1 - 1) {
                top1--;
                ??? ;      // 3
                top2++;
            }
            while(i > top1 - 1) {
                top2--;
                ??? ;      // 4
                top1++;
            }
            clearStack();
            cout << stack1[ ??? ] << endl;    // 5
        }
        return 0;
    }
```

八、最大子矩阵和

给出 m 行 n 列的整数矩阵，求最大的子矩阵和（子矩阵不能为空）。

输入的第一行包含两个整数 m 和 n，即矩阵的行数和列数。之后 m 行，每行 n 个整数，描述整个矩阵。程序最终输出最大的子矩阵和。

```
#include<iostream>
using namespace std;

const int SIZE = 100;

int matrix[SIZE + 1][SIZE + 1];
int rowsum[SIZE + 1][SIZE + 1];
int m, n, i, j, first, last, area, ans;

int main() {
    cin >> m >> n;
    for(i = 1; i <= m; i++)
        for(j = 1; j <= n; j++)
            cin >> matrix[i][j];
    ans = matrix???;   // 1
    for(i = 1; i <= m; i++)
        ??? ;    // 2
    for(i = 1; i <= m; i++)
        for(j = 1; j <= n; j++)
```

```
                rowsum[i][j] = ??? ;      // 3
    for(first = 1; first <= n; first++)
        for(last = first; last <= n; last++) {
            ??? ;       // 4
            for(i = 1; i <= m; i++) {
                area += ??? ;        // 5
                if(area > ans)
                    ans = area;
                if(area < 0)
                    area = 0;
            }
        }
    cout << ans << endl;
    return 0;
}
```

第八章 真题卷

2020 CCF 非专业级别软件能力认证第一轮 (CSP-J) 入门级 C++ 语言试题

考生注意事项：

- 试题纸共有 10 页，答题纸共有 1 页，满分 100 分。请在答题纸上作答，写在试题纸上的一律无效。
- 不得使用任何电子设备（如计算器、手机、电子词典等）或查阅任何书籍资料。

一、单项选择题（共 15 题，每题 2 分，共计 30 分；每题有且仅有一个正确选项）

1. 在内存器中每个存储单元都被赋予一个唯一的序号，称为（　　）。

   A. 下标　　　　　　　　　　B. 地址

   C. 序号　　　　　　　　　　D. 编号

2. 编译器的主要功能是（　　）。

   A. 将源程序翻译成机器指令代码

   B. 将一种高级语言翻译成另一种高级语言

   C. 将源程序重新组合

   D. 将低级语言翻译成高级语言

3. 设 x=true，y=true，z=false，以下逻辑运算表达式值为真的是（　　）。

   A. (x∧y)∧z　　　　　　　　B. x∧(z∨y)∧z

C. (x∧y)∨(z∨x)   D. (y∨z)∧x∧z

4. 现有一张分辨率为 2048×1024 像素的 32 位真彩色图像。请问要存储这张图像，需要多大的存储空间？（　　）

   A. 4MB   B. 8MB
   C. 32MB D. 16MB

5. 冒泡排序算法的伪代码如下：

```
输入:数组L, n≥1。
输出:按非递减顺序排序的L。
算法BubbleSort:
1.   FLAG ← n           //标记被交换的最后元素的位置
2.   while FLAG > 1    do
3.       k ← FLAG -1
4.       FLAG ← 1
5.       for j=1 to k do
6.           if L(j) > L(j+1)   then do
7.               L(j)↔L(j+1)
8.               FLAG←j
```

对 n 个数用以上冒泡排序算法进行排序，**最少**需要比较多少次？（　　）

   A. n B. $n-2$
   C. n^2 D. $n-1$

6. 设 A 是 n 个实数的数组，考虑下面的递归算法：

```
XYZ(A[1..n])
1. if n=1 then return A[1]
2. else temp ← XYZ (A[1..n-1])
3.     if temp < A[n]
4.     then return temp
5.     else return A[n]
```

请问算法 XYZ 的输出是什么？（　　）

   A. A 数组的平均值   B. A 数组的最小值
   B. A 数组的最大值   D. A 数组的中值

7. 链表不具有的特点是（　　）。

   A. 插入和删除不需要移动元素   B. 可随机访问任一元素

B. 不必事先估计存储空间　　　　　D. 所需空间与线性表长度成正比

8. 有 10 个顶点的无向图**至少**应该有（　　）条边才能确保是一个连通图。

   A. 10　　　　　　　　　　　　　B. 12

   C. 9　　　　　　　　　　　　　　D. 11

9. 二进制数 1011 转换成十进制数是（　　）。

   A. 10　　　　　　　　　　　　　B. 13

   C. 11　　　　　　　　　　　　　D. 12

10. 五个小朋友并排站成一列，其中有两个小朋友是双胞胎，如果要求这两个双胞胎必须相邻，则有（　　）种不同排列方法。

    A. 24　　　　　　　　　　　　　B. 36

    C. 72　　　　　　　　　　　　　D. 48

11. 下图中所使用的数据结构是（　　）。

    A. 哈希表　　　　　　　　　　　B. 二叉树

    C. 栈　　　　　　　　　　　　　D. 队列

12. 独根树的高度为 1。具有 61 个节点的完全二叉树的高度为（　　）。

    A. 7　　　　　　　　　　　　　　B. 5

    C. 8　　　　　　　　　　　　　　D. 6

13. 干支纪年法是中国传统的纪年方法，由 10 个天干和 12 个地支组合成 60 个天干地支。由公历年份可以根据以下公式和表格换算出对应的天干地支。

    天干 =（公历年份）除以 10 所得余数

    地支 =（公历年份）除以 12 所得余数

天干	甲	乙	丙	丁	戊	己	庚	辛	壬	癸		
	4	5	6	7	8	9	0	1	2	3		
地支	子	丑	寅	卯	辰	巳	午	未	申	酉	戌	亥
	4	5	6	7	8	9	10	11	0	1	2	3

例如，今年是 2020 年，2020 除以 10 余数为 0，查表为"庚"；2020 除以 12，余数为 4，查表为"子"，所以今年是庚子年。

请问 1949 年的天干地支是（　　）。

A. 己亥　　　　　　　　B. 己丑

C. 己卯　　　　　　　　D. 己酉

14. 10 个三好学生名额分配到 7 个班级，每个班级至少有一个名额，一共有（　　）种不同的分配方案。

A. 56　　　　　　　　　B. 84

C. 72　　　　　　　　　D. 504

15. 有五副不同颜色的手套（共 10 只手套，每副手套左右手各 1 只），一次性从中取 6 只手套，请问恰好能配成两副手套的不同取法有（　　）种。

A. 30　　　　　　　　　B. 150

C. 180　　　　　　　　 D. 120

二、**阅读程序**（程序输入不超过数组或字符串定义的范围；判断题正确填√，错误填×；除特殊说明外，判断题每题 1.5 分，选择题每题 3 分，共计 40 分）

1.

```
01  #include <cstdlib>
02  #include <iostream>
03  using namespace std;
04
05  char encoder[26]={'C','S','P',0};
```

```
06  char    decoder [26];
07
08  string    st;
09
10  int   main() {
11      int  k =0;
12      for (int i=0; i<26; ++i )
13          if (encoder [i] != 0) ++k;
14      for (char x ='A'; x<='z'; ++x) {
15          bool flag = true;
16          for (int i =0;  i< 26; ++i)
17              if (encoder [i]  ==  x) {
18                  flag = false;
19                  break;
20                  }
21          if (flag) {
22              encoder [k] =x;
23              ++k;
24          }
25      }
26      for (int i=0; i <26; ++i)
27          decoder [encoder [i] -'A']=i + 'A';
28      cin >> st;
29      for ( int i = 0; i<st.length(); ++i)
30          st[i]= decoder [st [i] -'A'];
31      cout << st;
32      return 0;
33  }
```

- **判断题**

1）输入的字符串应当只由大写字母组成，否则在访问数组时**可能**越界。（   ）

2）若输入的字符串不是空串，则输入的字符串与输出的字符串一定**不一样**。（   ）

3）将第 12 行的"i<26"改为"i<16"，程序运行结果**不会**改变。（   ）

4）将第 26 行的"i<26"改为"i<16"，程序运行结果**不会**改变。（   ）

- **单选题**

5）若输出的字符串为"ABCABCABCA"，则下列说法**正确**的是（   ）。

  A. 输入的字符串中既有 A 又有 P

  B. 输入的字符串中既有 S 又有 B

  C. 输入的字符串中既有 S 又有 P

  D. 输入的字符串中既有 A 又有 B

6）若输出的字符串为"CSPCSPCSPCSP"，则下列说法**正确**的是（　　）。

A. 输入的字符串中既有 J 又有 R

B. 输入的字符串中既有 P 又有 K

C. 输入的字符串中既有 J 又有 K

D. 输入的字符串中既有 P 又有 R

2.

```cpp
01 #include <iostream>
02 using namespace std;
03
04 long long n, ans;
05 int k, len;
06 long long d [1000000];
07
08 int main() {
09     cin >> n >> k;
10     d[0] =0;
11     len = 1;
12     ans =0;
13     for ( long long i=0; i < n; ++i) {
14         ++d[0];
15         for ( int j = 0; j+1 <  len; ++j) {
16             if (d[j]) == k) {
17                 d[j] = 0;
18                 d[j+ 1] += 1;
19                 ++ans;
20             }
21         }
22         if ( d[len-1] == k) {
23             d[len -1) = 0;
24             d[len] = 1;
25             ++len;
26             ++ans;
27         }
28     }
29     cout < < ans << endl;
30     return 0;
31 }
```

假设输入的 n 是不超过 2^{62} 的正整数，k 都是不超过 10000 的正整数，完成下面的判断题和单选题。

- 判断题

1）若 k=1，则输出 ans 时，len=n。（   ）

2）若 k>1，则输出 ans 时，len 一定小于 n。（   ）

3）若 k>1，则输出 ans 时，k^{len} 一定大于 n。（   ）

- 单选题

4）若输入的 n 等于 10^{15}，输入的 k 为 1，则输出等于（   ）。

   A. $(10^{30} - 10^{15})/2$　　　　　　B. $(10^{30} + 10^{15})/2$

   C. 1　　　　　　　　　　　　　D. 10^{15}

5）若输入的 n 等于 205,891,132,094,649（即 3^{30}），输入的 k 为 3，则输出等于（   ）。

   A. $(3^{30} - 1)/2$　　　　　　　B. 3^{30}

   C. $3^{30} - 1$　　　　　　　　　D. $(3^{30} + 1)/2$

6）若输入的 n 等于 100,010,002,000,090，输入的 k 为 10，则输出等于（   ）。

   A. 11,112,222,444,543　　　　　B. 11,122,222,444,453

   C. 11,122,222,444,543　　　　　D. 11,112,222,444,543

3.

```
01 #include <algorithm>
02 #include <iostream>
03 using namespace std;
04
05 int n;
06 int d[50][2];
07 int ans;
08
09 void dfs (int n, int sum) {
10     if(n == 1){
11         ans = max (sum, ans);
12         return;
13     }
14     for ( int i = 1; i < n; ++i) {
```

```
15        int a= d[i - 1][0], b = d[i - 1][1];
16        int x= d[i][0], y = d[i][1];
17        d[i - 1][0]= a + x;
18        d[i - 1][1]= b + y;
19        for ( int j = i; j < n - 1; ++j)
20            d[j][0] = d[j + 1][0],d[j][1] = d[j + 1][1];
21        Int s = a + x + abs (b - y);
22        dfs ( n - 1, sum + s);
23        for (int j = n - 1; j > i; --j)
24            d[j][0]=d[j - 1][0], d[j][1] = d[j - 1][1];
25        d[i - 1][0] =a, d[i - 1][1] =b;
26        d[i][0] = x,d[i][1] = y;
27      }
28 }
29
30 int main() {
31      cin >> n;
32      for (int i = 0; i < n; ++i)
33          cin >> d[i][0];
34      for (int i = 0; i < n; ++i)
35          cin >> d[i][1];
36      ans=0;
37      dfs(n,0);
38      cout << ans << end1;
39      return 0;
40 }
```

假设输入的 n 是不超过 5 的正整数，d[i][0]、d[i][1] 都是不超过 10000 的正整数，完成下面的判断题和单选题。

- **判断题**

1）若输入 n 为 0，此程序**可能**会死循环或发生运行错误。（   ）

2）若输入 n 为 20，接下来的输入全为 0，则输出为 0。（   ）

3）输出的数一定**不小于**输入的 d[i][0] 和 d[i][1] 的任意一个。（   ）

- **单选题**

4）若输入的 n 为 20，接下来的输入是 20 个 9 和 20 个 0，则输出为（   ）。

    A. 1917　　　　　　　　　　　B. 1908

    C. 1881　　　　　　　　　　　D. 1890

5）若输入的 n 为 30，接下来的输入是 30 个 0 和 30 个 5，则输出为（　　）。

A. 2020　　　　　　　　　　B. 2030

C. 2010　　　　　　　　　　D. 2000

6）（4 分）若输入的 n 为 15，接下来的输入是 15 到 1，以及 15 到 1，则输出为（　　）。

A. 2420　　　　　　　　　　B. 2220

C. 2440　　　　　　　　　　D. 2240

三、完善程序（单选题，每小题 3 分，共计 30 分）

1. （**质因数分解**）给出正整数 n，请输出将 n 质因数分解的结果，结果从小到大输出。

例如：输入 $n = 120$，程序应该输出 "2 2 2 3 5"，表示 $120 = 2×2×2×3×5$。输入保证 $2 \leq n \leq 10^9$。提示：先从小到大枚举变量 i，然后用 i 不停试除 n 来寻找所有的质因子。

试补全程序。

```
01 #include <cstdio>
02 using namespace std;
03
04 int n, i;
05
06 int main() {
07     scanf("%d", &n);
08     for( i = ①; ② <= n; i ++) {
09         ③ {
10             printf("%d" , i );
11             n = n / i ;
12         }
13     }
14     if(④)
15         printf("%d" , ⑤);
16     return 0;
17 }
```

1）①处应填（　　）。

A. n-1　　　　　　　　　　B. 0

C. 1   D. 2

2）②处应填（　　）。

A. n / i   B. n / (i*i)

C. i*i*i   D. i*i

3）③处应填（　　）。

A. if (i*i<= n)   B. if (n % i == 0)

C. while(i*i<= n)   D. while (n % i == 0)

4）④处应填（　　）。

A. n >1   B. n <= 1

C. i + i <= n   D. i < n / i

5）⑤处应填（　　）。

A. 2   B. i

C. n / i   D. n

2. (**最小区间覆盖**) 给出 n 个区间，第 i 个区间的左右端点是 $[a_i, b_i]$。现在要在这些区间中选出若干个，使得区间 $[0, m]$ 被所选区间的并覆盖（即每一个 $0 \leq i \leq m$ 都在某个所选的区间中）。保证答案存在，求所选区间个数的最小值。

输入第一行包含两个整数 n 和 m（$1 \leq n \leq 5000$，$1 \leq m \leq 10^9$）。

接下来 n 行，每行两个整数 a_i, b_i（$0 \leq a_i, b_i \leq m$）。

提示：使用贪心法解决这个问题。先用 $O(n^2)$ 的时间复杂度排序，然后贪心选择这些区间。

试补全程序。

```
01 #include <iostream>
02
03 using namespace std;
04
05 const int MAXN = 5000;
06 int n, m;
07 struct segment { int a, b; } A[MAXN];
```

```
08
09 void sort() //排序
10 {
11     for (int i = 0: i < n; i++)
12         for (int j = 1; 1 < n; j++)
13             if(①)
14             {
15                 segment t= A[ j ];
16                 ②
17             }
18 }
19
20 int main()
21 {
22     cin >> n >> m
23     for(int i = 0; i < n; i++)
24         cin >> A[i].a >> A[i].b;
25     sort();
26     int p = 1;
27     for (int i = 1; i < n; i++)
28         if (③)
29             A[p++]=A[i]
30     n = p;
31     int ans = 0, r = 0;
32     int q = 0;
33     while(r < m)
34     {
35         while (④)
36             q++;
37         ⑤;
38         ans++;
39     }
40     cout << ans < endl;
41     return 0;
42 }
```

1) ①处应填（　　）。

A. A[j].b < A[j − 1].b　　　　　　B. A[j].b > A[j − 1].b

C. A[j].a < A[j − 1].a　　　　　　D. A[j].a < A[j − 1].a

2）②处应填（　　）。

　　A. A[j − 1] = A[j]; A[j] = t;　　B. A[j +1] = A[j]; A[j] = t;

　　C. A[j] = A[j − 1] ; A[j − 1] = t;　　D. A[j] = A[j +1] ; A[j + 1] = t;

3）③处应填（　　）。

　　A. A[i].b < A[p − 1].b　　B. A[i].b > A[i − 1].b

　　C. A[i].b > A[p − 1].b　　D. A[i].b > A[i − 1].b

4）④处应填（　　）。

　　A. q+1 < n && A[q + 1].b <= r　　B. q+1 < n && A[q + 1].a <= r

　　C. q < n && A[q].a <= r　　D. q < n && A[q].b <= r

5）⑤处应填（　　）。

　　A. r = max(r, A[q+1].a)　　B. r = max(r, A[q].b)

　　C. r = max(r, A[q+1].b)　　D. q++

（扫码可领取 2010 ～ 2022 年度初赛真题卷）

2020 CCF 非专业级别软件能力认证第一轮（CSP-S）提高级 C++ 语言试题

考生注意事项：

- 试题纸共有 13 页，答题纸共有 1 页，满分 100 分。请在答题纸上作答，写在试题纸上的一律无效。
- 不得使用任何电子设备（如计算器、手机、电子词典等）或查阅任何书籍资料。

一、单项选择题（共 15 题，每题 2 分，共计 30 分；每题有且仅有一个正确选项）

1. 请选出以下最大的数（　　）。

    A. $(550)_{10}$　　　　　　　　　　B. $(777)_8$

    C. $(2)_{10}$　　　　　　　　　　　D. $(22F)_{16}$

2. 操作系统的功能是（　　）。

    A. 负责外设与主机之间的信息交换

    B. 控制和管理计算机系统的各种硬件和软件资源的使用

    C. 负责诊断机器的故障

    D. 将源程序编译成目标程序

3. 现有一段 8 分钟的视频文件，它的播放速度是每秒 24 帧图像，每帧图像是一幅分辨率为 2048×1024 像素的 32 位真彩色图像。请问，要存储这段原始无压缩视频，需要多大的存储空间？（　　）

    A. 30G　　　　　　　　　　　　B. 90G

    C. 150G　　　　　　　　　　　　D. 450G

4. 今有一空栈 S，对下列待进栈的数据元素序列 a、b、c、d、e、f 依次进行进栈、进栈、出栈、进栈、进栈、出栈的操作。此操作完成后，栈底元素为（　　　）。

A. b　　　　　　　　　　　　　B. a

C. d　　　　　　　　　　　　　D. c

5. 将（2，7，10，18）分别存储到某个地址区间为0～10的哈希表中，如果哈希函数 $h(x)=$（　　　），将不会产生冲突，其中 $a \bmod b$ 表示 a 除以 b 的余数。

A. $x^2 \bmod 11$　　　　　　　　B. $2x \bmod 11$

C. $x \bmod 11$　　　　　　　　　D. $\lfloor x/2 \rfloor \bmod 11$，其中 $\lfloor x/2 \rfloor$ 表示 $x/2$ 下取整

6. 下列哪些问题**不能**用贪心法精确求解？（　　　）

A. 霍夫曼编码问题　　　　　　　B. 0-1背包问题

C. 最小生成树问题　　　　　　　D. 单源最短路径问题

7. 具有 n 个顶点、e 条边的图采用邻接表存储结构，进行深度优先遍历运算的时间复杂度为（　　　）。

A. $O(n+e)$　　　　　　　　　B. $O(n^2)$

C. $O(e^2)$　　　　　　　　　　D. $O(n)$

8. 二分图是指能将顶点划分成两个部分，每一部分内的顶点间没有边相连的简单无向图。那么，24个顶点的二分图**至多**有（　　　）条边。

A. 144　　　　　　　　　　　　B. 100

C. 48　　　　　　　　　　　　　D. 122

9. 广度优先搜索时，一定要用到的数据结构是（　　　）。

A. 栈　　　　　　　　　　　　　B. 二叉树

C. 队列　　　　　　　　　　　　D. 哈希表

10. 一个班的学生分组做游戏，如果每组三人就多两人，每组五人就多三人，每组七人就多四人。问这个班的学生人数 n 在以下哪个区间？已知 $n<60$。（　　　）

A. $30<n<40$　　　　　　　　　B. $40<n<50$

C. $50<n<60$　　　　　　　　　D. $20<n<30$

11. 小明想通过走楼梯来锻炼身体，假设从第 1 层走到第 2 层消耗 10 卡热量，接着从第 2 层走到第 3 层消耗 20 卡热量，再从第 3 层走到第 4 层消耗 30 卡热量，以此类推，从第 k 层走到第 $k+1$ 层消耗 $10k$ 卡热量（$k>1$）。如果小明想从 1 层开始，通过连续向上爬楼梯消耗 1000 卡热量，**至少**要爬到第几层楼？（　　）

  A. 14   B. 16   C. 15   D. 13

12. 表达式 a*(b+c)-d 的后缀表达形式为（　　）。

  A. abc*+d-   B. -+*abcd

  C. abcd*+-   D. abc+*d-

13. 从一个 4×4 的棋盘中选取不在同一行也不在同一列上的两个方格，共有（　　）种方法。

  A. 60   B. 72   C. 86   D. 64

14. 对一个 n 个顶点、m 条边的带权有向简单图用 Dijkstra 算法计算单源最短路径时，如果不使用堆或其他优先队列进行优化，则其时间复杂度为（　　）。

  A. $O((m + n^2) \log n)$ B. $O(mn + n^3)$

  C. $O((m + n) \log n)$ D. $O(n^2)$

15. 1948 年，（　　）将热力学中的熵引入信息通信领域，标志着信息论研究的开端。

  A. 欧拉（Leonhard Euler） B. 冯·诺依曼（John von Neumann）

  C. 克劳德·香农（Claude Shannon） D. 图灵（Alan Turing）

二、**阅读程序**（程序输入不超过数组或字符串定义的范围；判断题正确填√，错误填×；除特殊说明外，判断题每题 1.5 分，选择题每题 3 分，共计 40 分）

1.
```
01 #include <iostream>
02 using namespace std;
03
04 int n;
```

```
05  int d[1000];
06
07  int main() {
08      cin >> n;
09      for ( int i = 0; i < n; ++i)
10          cin >> d[ i ];
11      int ans = -1;
12      for ( int i = 0; i < n; ++i )
13          for ( int j = 0; j < n; ++j )
14              if ( d[ i ] < d[ j ])
15                  ans = max(ans, d[ i ] + d[ j ] - (d[ i ] & d[ j ]));
16      cout << ans;
17      return 0;
18  }
```

假设输入的 n 和 d[i] 都是不超过 10000 的正整数，完成下面的判断题和单选题。

- 判断题

1）n 必须小于 1000，否则程序可能会发生运行错误。（　　）

2）输出一定大于等于 0。（　　）

3）若将第 13 行的 "j=0" 改为 "j = i + 1"，程序输出**可能会**改变。（　　）

4）将第 14 行的 "d [i] < d [j]" 改为 "d [i] != d [j]"，程序输出**不会**改变。（　　）

- 单选题

5）若输入 n 为 100，且输出为 127，则输入的 d[i] 中不可能有（　　）。

　　A. 127　　　　　　　　　　B. 126

　　C. 128　　　　　　　　　　D. 125

6）若输出的数大于 0，则下列说法**正确**的是（　　）。

　　A. 若输出为偶数，则输入的 d [i] 中**最多**有两个偶数

　　B. 若输出为奇数，则输入的 d [i] 中**至少**有两个奇数

　　C. 若输出为偶数，则输入的 d [i] 中**至少**有两个偶数

　　D. 若输出为奇数，则输入的 d [i] 中**最多**有两个奇数

2.

```
01  #include <iostream>
02  #include <cstdlib>
```

```
03  using namespace std;
04
05  int n;
06  int d[10000];
07
08  int find ( int L, int R, int k ) {
09      int x = rand () % ( R -L +1) + L;
10      swap( d [ L ], d[ x ]);
11      int a = L + 1, b = R;
12      while ( a < b ) {
13          while ( a < b && d [a] < d [ L ])
14              ++a;
15          while ( a < b && d [b] >= d [ L ])
16              --b;
17          swap(d[a], d[b]);
18      }
19      if (d[a] < d[L])
20          ++a;
21      if (a - L == k)
22          return d[L];
23      if (a - L < k)
24          return find(a, R, k - (a -L));
25      return find(L + 1, a - 1,k);
26  }
27
28  int main() {
29      int k;
30      cin >> n;
31      cin >> k;
32      for (int i = 0; i < n; ++i)
33          cin >> d [ i ];
34      cout << find (0, n - 1, k);
35      return 0;
36  }
```

假如输入的 n、k 和 d[i] 都是不超过 10000 的正整数，且 k 不超过 n，并假设 rand() 函数产生的是均匀的随机数，完成下面的判断题和单选题。

● 判断题

1）第 9 行的 x 的数值范围是 L+1 到 R，即 [L+1, R]。（　　）

2）将第 19 行的 "d[a]" 改为 "d[b]"，程序**不会**发生运行错误。（　　）

● 单选题

3）（2.5 分）当输入的 d[i] 是严格**单调递增**序列时，第 17 行的 swap 平均执行次数是（　　）。

A. $O(n\log n)$ B. $O(n)$

C. $O(\log n)$ D. $O(n^2)$

4）（2.5 分）当输入的 d[i] 是严格**单调递减**序列时，第 17 行的 swap 平均执行次数是（　　）。

A. $O(n^2)$ B. $O(n)$

C. $O(n\log n)$ D. $O(\log n)$

5）（2.5 分）若输入的 d[i] 为 i，此程序①平均时间复杂度和②最坏情况下的时间复杂度分别是（　　）。

A. $O(n)$，$O(n^2)$ B. $O(n)$，$O(n\log n)$

C. $O(n\log n)$，$O(n^2)$ D. $O(n\log n)$，$O(n\log n)$

6）（2.5 分）若输入的 d[i] 都为同一个数，此程序平均时间复杂度是（　　）。

A. $O(n)$ B. $O(\log n)$

C. $O(n\log n)$ D. $O(n^2)$

3.

```
01  #include  <iostream>
02  #include  <queua>
03  using namespace std;
04
05  const int max1 = 2000000000;
06
07  class Map {
08      struct item {
09          string key; int value;
10      } d [ max1 ];
11      int cnt;
12  public:
13      int find(string x) {
14          for (int i = 0; i < cnt; ++i)
15              if (d[i].key == x)
16                  return d[i].value;
17          return -1;
18      }
19      static int end() { return -1; }
20      void insert(string k, int v) {
21          d[cnt] . key = k; d[cnt++]. value = v;
22      }
```

```
23    } s[2];
24
25    class Queue {
26        string q[max1];
27        int head, tail;
28        public:
29        void pop() { ++head; }
30        string front() { return  q[head + 1]; }
31        bool empty(){ return  head == tail; }
32        void push(string x) { q[++tail] = x; }
33    } q[2];
34
35    string st0, st1;
36    int m;
37
38    string LtoR(string s, int L, int R) {
39        string t = s;
40        char tmp = t[L];
41        for (int i = L; i < R; ++i)
42            t[i] = t[i+1];
43        t[R] = tmp;
44        return t;
45    }
46
47    string RtoL(string s, int L, int R) {
48        string t = s;
49        char tmp = t[R];
50        for (int i = R; i > L; - -i)
51            t[i] = t[i -1];
52        t[L] = tmp;
53        return t;
54    }
55
56    bool check(string st, int p, int step) {
57        if (s[p].find(st) != s[p].end())
58            return false;
59        ++step;
60        if (s[p ^ 1].find(st) == s[p].end()) {
61            s[p].insert(st, step);
62            q[p].push(st);
63            return false;
64        }
65        cout << s[p ^ 1].find(st) + step << endl;
66        return true;
67    }
68
69    int main() {
70        cin >> st0 >> st1;
71        int len =st0.length();
72        if (len != st1.length()) {
73            cout << -1 << endl;
74            return 0;
75        }
```

```
76        if (st0== st1) {
77            cout << 0 << endl;
78            return 0;
79        }
80        cin >> m;
81        s[0].insert(st0,0); s[1]. insert(st1, 0);
82        q[0].push(st0);q[1].push(st1);
83        for (int p = 0;
84            !(q[0].empty() && q[1].empty());
85            p ^= 1) {
86            string st =q[p]. front();q[p].pop();
87            int step = s[p].find(st);
88            if ((p == 0 &&
89              (check(LtoR(st, m,len - 1), p , step ) ||
90                check(RtoL(st, 0, m), p ,step)))
91                ||
92              (p == 1 &&
93                (check(LtoR(st, 0, m), p , step) ||
94                  check(RtoL(st, m, len - 1), p, step))))
95                return 0;
96        }
97        cout << -1 << endl;
98        return 0;
99    }
```

- **判断题**

1）输出**可能**为 0。（   ）

2）若输入的两个字符串长度均为 101，则 $m=0$ 时的输出与 $m=100$ 时的输出是一样的。（   ）

3）若两个字符串的长度均为 n，则最坏情况下，此程序的时间复杂度为 $O(n!)$。（   ）

- **单选题**

4）（2.5 分）若输入的第一个字符串长度由 100 个不同的字符构成，第二个字符串是第一个字符串的倒序，输入的 m 为 0，则输出为（   ）。

A. 49　　　　　　　　　　　　B. 50

C. 100　　　　　　　　　　　 D. -1

5）（4 分）已知当输入为 "0123\n3210\n1" 时输出为 4，当输入为 "012345\n543210\n1" 时输出为 14，当输入为 "01234567\n76543210\n1" 时输出为 28，则当输入为 "0123456789ab\nba9876543210\n1" 时输出为（   ）。其

中"\n"为换行符。

A. 56
B. 84
C. 102
D. 68

6)（4分）若两个字符串的长度均为 n，且 $0 < m < n - 1$，且两个字符串的构成相同（即任何一个字符在两个字符串中出现的次数均相同），则下列说法**正确**的是（ ）。

（提示：考虑输入与输出有多少对字符前后顺序不一样。）

A. 若 n、m 均为奇数，则输出**可能**小于 0。

B. 若 n、m 均为偶数，则输出**可能**小于 0。

C. 若 n 为奇数、m 为偶数，则输出**可能**小于 0。

D. 若 n 为偶数、m 为奇数，则输出**可能**小于 0。

三、完善程序（单选题，每小题 3 分，共计 30 分）

1. （**分数背包**）小 S 有 n 块蛋糕，编号从 1 到 n。第 i 块蛋糕的价值是 w_i，体积是 v_i。他有一个大小为 B 的盒子来装这些蛋糕，也就是说装入盒子的蛋糕的体积总和不能超过 B。

他打算选择一些蛋糕装入盒子，希望盒子里装的蛋糕的价值之和尽量大。

为了使盒子里的蛋糕价值之和更大，他可以任意切割蛋糕。具体来说，他可以选择一个 α（$0<\alpha<1$），并将一块价值是 w、体积为 v 的蛋糕切割成两块，其中一块的价值是 $\alpha \cdot w$，体积是 $\alpha \cdot v$，另一块的价值是 $(1-\alpha) \cdot w$，体积是 $(1-\alpha) \cdot v$。他可以重复无限次切割操作。

现要求编程输出可能的最大价值，以分数的形式输出。

比如 $n = 3$，$B = 8$，三块蛋糕的价值分别是 4、4、2，体积分别是 5、3、2。那么最优的方案就是将体积为 5 的蛋糕切成两份，一份体积是 3，价值是 2.4，另一份体积是 2，价值是 1.6，然后把体积是 3 的那部分和后两块蛋糕打包进盒子。最优的价值之和是 8.4，故程序输出 42/5。

输入的数据范围为：$1\leq n\leq 1000$，$1\leq B\leq 10^5$，$1\leq w_i$，$v_i\leq 100$。

提示：将所有的蛋糕按照性价比 w_i/v_i 从大到小排序后进行贪心选择。

试补全程序。

```
01  #include <cstdio>
02  using namespace std;
03
04  const int maxn = 1005;
05
06  int n, B ,w[maxn], v[maxn];
07
08  int gcd(int u, int v) {
09      if(v == 0)
10          return u;
11      return gcd(v, u % v);
12  }
13
14  void print(int w, int v) {
15      int d = gcd(w, v);
16      w = w / d;
17      v = v / d;
18      if(v == 1)
19          printf("%d\n", w);
20      else
21          printf("%d/%d\n", w, v);
22  }
23
24  void swap(int &x, int &y) {
25      int t = x; x = y; y = t;
26  }
27
28  int main() {
29      scanf("%d %d", &n, &B);
30      for(int i = 1; i <= n; i ++) {
31          scanf("%d%d", &w[i], &v[i]);
32      }
33      for(int i = 1; i < n; i ++)
34          for(int j=1;j < n; j++)
35              if(①){
36                  swap(w[j],w[j+1]);
37                  swap(v[j],v[j+1]);
38              }
39      int curv, curw;
40      if(②) {
41          ③
42      } else {
43          print(B * w[1],v[1]);
44          return 0;
45      }
46
```

```
47        for(int i = 2; i <= n; i ++)
48            if(curV + v[i] <= B) {
49                curV += v[i];
50                curW += w[i];
51            } else {
52                print(④);
53                return 0;
54            }
55        print(⑤);
56        return 0;
57    }
58
59
```

1）①处应填（　　）。

  A. w[j] / v[j] < w[j+1] / v[j+1]　　　　B. w[j] / v[j] > w[j+1] / v[j+1]

  C. v [j] * w[j+1] < v[j+1] * w[j]　　　　D. w[j] * v[j+1] < w[j+1] * v[j]

2）②处应填（　　）。

  A. w[1] <=vB　　　　B. v[1] <= B

  C. w[1] >=B　　　　D. v[1] >=B

3）③处应填（　　）。

  A. print(v[1], w[1]); return 0;　　　　B. curV=0; curw =0;

  C. print(w[1], v[1]); return 0;　　　　D. curV =v[1]; curw =w[1];

4）④处应填（　　）。

  A. curW * v[i] + curV * w[i], v[i]

  B. (curW − w[i]) * v[i] + (B − curV) * w[i], v[i]

  C. curW + v[i], w[i]

  D. curW * v[i] + (B − curV) * w[i], v[i]

5）⑤处应填（　　）。

  A. curW, curV　　　　B. curW,1

  C. curV, curW　　　　D. curV,1

2.（**最优子序列**）取 $m = 16$，给出长度为 n 的整数序列 $a_1, a_2, \cdots, a_n$ ($0 \leq a_i < 2^m$)。对于一个二进制数 x，定义其分值 $w(x)$ 为 $x+\text{popcnt}(x)$，其中 $\text{popcnt}(x)$ 表示 x

二进制表示中 1 的个数。对于一个子序列 $b_1, b_2, \cdots, b_k$，定义其子序列分值 S 为 $w(b_1 \oplus b_2) + w(b_2 \oplus b_3) + w(b_3 \oplus b_4) + \cdots + w(b_{k-1} \oplus b_k)$。其中 $\oplus$ 表示按位异或。对于空子序列，规定其子序列分值为 0。求一个子序列，使得其子序列分值最大，输出这个最大值。

输入第一行包含一个整数 $n(1 \leqslant n \leqslant 40\,000)$。接下来一行包含 n 个整数 $a_1, a_2, \cdots, a_n$。

提示：考虑优化朴素的动态规划算法，将前 $m/2$ 位和后 $m/2$ 位分开计算。

Max[x][y] 表示当前的子序列下一个位置的高 8 位是 x、最后一个位置的低 8 位是 y 时的最大价值。

试补全程序。

```
01   #include <iostream>
02
03   using namespace std;
04
05   typedef long long LL;
06
07   const int MAXN = 40000,M = 16,B = M >> 1,MS = (1 << B) - 1;
08   const LL INF =1000000000000000LL;
09   LL Max[MS + 4][MS + 4];
10
11   int w(int x)
12   {
13       int s = x;
14       while (x)
15       {
16           ①;
17           s++;
18       }
19       return s;
20   }
21
22   void to_max(LL &x,LL y)
23   {
24       if(x < y)
25           x = y;
26   }
27
28   int main()
29   {
30       int n;
31       LL ans = 0;
32       cin >> n;
33       for (int x =0;x <= MS; x++)
```

```
34              for (int y=0;y <= MS;y++)
35                  Max[x][y] = -INF;
36          for (int i = 1; i <= n; i++)
37          {
38              LL a;
39              cin >> a;
40              int x = ②, y = a & MS;
41              LL v = ③;
42              for (int z = 0; z <= MS; z++)
43                  to_max(v, ④);
44              for(int z = 0;z <= MS; z++)
45                  ⑤;
46              to_max(ans, v);
47          }
48          cout << ans << endl;
49          return 0;
50      }
```

1）①处应填（　　）。

A. x >>=1   B. x^=x&(x^(x+1))

C. x-=x|-x   D. x^=x&(x^(x-1))

2）②处应填（　　）。

A. (a&MS)<< B   B. a >> B

C. a & (1 << B)   D. a & (MS << B)

3）③处应填（　　）。

A. -INF   B. Max[y][x]

C. 0   D. Max[x][y]

4）④处应填（　　）。

A. Max[x][z] + w(y ^ z)   B. Max[x][z] + w(a ^ z)

C. Max[x][z] + w(x ^ (z << B) D. Max[x][z] + w(x ^ z)

5）⑤处应填（　　）。

A. to_max(Max[y][z], v + w(a ^ (z << B)))

B. to_max(Max[z][y], v + w((x ^ z) << B))

C. to_max(Max[z][y], v + w(a ^ (z << B)))

D. to_max(Max[x][z], v + w(y ^ z))

附 录

附录 A 十大排序代码

```cpp
#include<iostream>
using namespace std;

/**
 * 十大排序
 * 输入数组大小和元素，排序成从小到大
 * 数组下标从1开始
 * 待排序数据在0~100之间
 */

// 交换
void swap(int& a, int& b)
{
    int t = a;
    a = b;
    b = t;
}

// 输出数组
void show(int a[], int length)
{
    for(int i = 1; i <= length; i++)
        cout << a[i] << ' ';
}

// 冒泡排序
void bubbleSort(int a[], int length)
{
    for(int i = length; i > 1; i--){
        bool re = true;
        for(int j = 1; j < i; j++){
            if(a[j] > a[j + 1]){
                swap(a[j], a[j + 1]);
                re = false;
            }
        }
        if(re)
            break;
    }
```

```cpp
}
// 选择排序
void selectSort(int a[], int length)
{
    for(int i = length; i > 1; i--){
        int max = 1;
        for(int j = 2; j <= i; j++)
            if(a[j] > a[max])
                max = j;
        if(i != max)
            swap(a[i], a[max]);
    }
}

// 插入排序
void insertSort(int a[], int length)
{
    /*
    for(int i = 2; i <= length; i++){
        int t = a[i], j = i - 1;
        while(j >= 1 && a[j] > t){
            a[j + 1] = a[j]; // 往后挪
            j--;
        }
        a[j + 1] = t;
    }
    a[0] = -0x3f3f3f3f;         // 哨兵
    for(int i = 2; i <= length; i++){
        int t = a[i], j = i - 1;
        while(a[j] > t){
            a[j + 1] = a[j]; // 往后挪
            j--;
        }
        a[j + 1] = t;
    }
    */
    for(int i = 2; i <= length; i++){
        int j = i - 1;
        while(j >= 1 && a[j] > a[j + 1]){
            swap(a[j], a[j + 1]);
            j--;
        }
    }
}

// 希尔排序
void shellSort(int a[], int length)
{
    /*
```

```cpp
    for(int gap = length / 2; gap > 0; gap /= 2){
        for(int i = gap + 1; i <= length; i++){
            int t = a[i], j = i - gap;
            while(j >= 1 && a[j] > t){
                a[j + gap] = a[j];
                j -= gap;
            }
            a[j + gap] = t;
        }
    }
    */
    for(int gap = length / 2; gap > 0; gap /= 2){
        for(int i = gap + 1; i <= length; i++){
            int j = i - gap;
            while(j >= 1 && a[j] > a[j + gap]){
                swap(a[j], a[j + gap]);
                j -= gap;
            }
        }
    }
}

// 归并排序
void merge(int a[], int begin, int mid, int end)
{
    int temp[end - begin + 1];
    int i = begin, j = mid + 1, k = 0;
    while(i <= mid && j <= end)
        temp[k++] = a[i] < a[j] ? a[i++] : a[j++];
    while(i <= mid)
        temp[k++] = a[i++];
    while(j <= end)
        temp[k++] = a[j++];
    k = 0;
    while(k < end - begin + 1)
        a[begin + k] = temp[k++];
}
void mergeSort(int a[], int begin, int end)
{
    if(begin == end)
        return;
    int mid = (begin + end) / 2;
    mergeSort(a, begin, mid);
    mergeSort(a, mid + 1, end);
    merge(a, begin, mid, end);
}

// 快速排序
void quickSort(int a[], int begin, int end)
{
```

```
        if(begin >= end)
            return;
        int t = a[begin];
        int i = begin, j = end;
        while(i < j){
            while(a[j] > t)
                j--;
            while(a[i] <= t && i < j)
                i++;
            if(i != j)
                swap(a[i], a[j]);
        }
        swap(a[begin], a[i]);
        quickSort(a, begin, i - 1);
        quickSort(a, i + 1, end);
}

// 堆排序
void adjust(int a[], int end, int parent)    //调整父节点,总节点数为end
{
    int child = parent * 2;
    if(child + 1 <= end && a[child] < a[child + 1])
        child++;
    if(a[child] > a[parent]){
        swap(a[child], a[parent]);
        if(child <= end / 2)
            adjust(a, end, child);
    }
}

void heapSort(int a[], int length)
{
    for(int i = length; i > 1; i--){
        // 1 -> i构建为大顶堆
        for(int j = i / 2; j >= 1; j--){    // 1 -> j, 非叶子节点,倒序
            // 调整父节点及其可能需要调整的子节点

            // 递归写法
            adjust(a, i, j);
            /*
            //非递归写法
              int parent = j;              // 待检查调整的父节点
              while(1){
              int child = 2*parent;        // 先取为左子节点,必定存在
              if(child + 1 <= i && a[child] < a[child + 1])
                                           // 左右子节点比较,取大者,记为child
                  child++;
              if(a[child] > a[parent]){    // 要调整
                  swap(a[child], a[parent]);
                  if(child <= i / 2)       // 子节点是非叶子节点,被影响
```

```
                    parent = child;
                else
                    break;    // 调整了，但子节点不是非叶子，结束
            }else
                break;    // 不必调整，结束
        }
        */
    }
    swap(a[1], a[i]);
    }
}

// 计数排序
void countingSort(int a[], int length)
{
    int temp[101] = {0};
    for(int i = 1; i <= length; i++)
        temp[a[i]]++;
    int k = 1;
    for(int i = 1; i <= 100; i++)
        for(int j = 0; j < temp[i]; j++)
            a[k++] = i;
}

// 桶排序
void bucketSort(int a[], int length)
{
    int bucket[11][11] = {0};
    for(int i = 1; i <= length; i++){
        int index = a[i] / 10;
        bucket[index][0]++;
        bucket[index][ bucket[index][0] ] = a[i];
    }
    for(int i = 0; i <= 10; i++)
        quickSort(bucket[i], 1, bucket[i][0]);
    int i = 1;
    for(int j = 0; j <= 10; j++)
        for(int k = 1; k <= bucket[j][0]; k++)
            a[i++] = bucket[j][k];
}

// 基数排序
void radixSort(int a[], int length)
{
    for(int tail = 1; tail <= 100; tail *= 10){
        int radix[10][11] = {0};
        for(int i = 1; i <= length; i++){
            int index = a[i] / tail % 10;
            radix[index][0]++;
            radix[index][ radix[index][0] ] = a[i];
```

```cpp
        }
        int i = 1;
        for(int j = 0; j < 10; j++)
            for(int k = 1; k <= radix[j][0]; k++)
                a[i++] = radix[j][k];
    }
}

int main()
{
    int a[11] = {0, 100, 93, 79, 71, 65, 55, 55, 53, 21, 9};
    int n = 10;
    /*
    cin >> n;
    for(int i = 1; i <= n; i++)
        cin >> a[i];
    */
    // bubbleSort(a, n);
    // selectSort(a, n);
    // insertSort(a, n);
    // shellSort(a, n);
    // mergeSort(a, 1, n);
    // quickSort(a, 1, n);
    heapSort(a, n);
    // countingSort(a, n);
    // bucketSort(a, n);
    // radixSort(a, n);

    show(a, n);

    return 0;
}
```

附录 B DAG 拓扑排序

- 样例输入及图结构

```
输入顶点数和边数:6 8
顶点编号为1-6，输入各顶点数据:a b c d e f
输入每条边相连接的顶点编号(1 2表示1 -> 2):
1 2
1 3
1 4
3 2
3 5
4 5
6 4
6 5
该图的一个拓扑序列为： a f c d b e
……
```

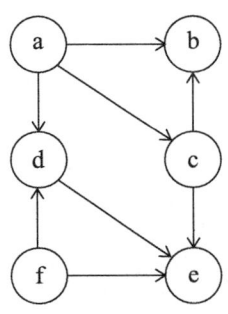

- 代码

```cpp
#include<iostream>
#include<queue>
using namespace std;

const int N = 101;       // 最大顶点数
int graph[N][N];         // 邻接矩阵
int dist[N];             // 入度数组
char data[N];            // 各编号节点数据
queue <int> q;           // STL队列
int n, m;                // 顶点数、边数
```

```cpp
int main()
{
    cout << "输入顶点数和边数：";
    cin >> n >> m;

    cout << "顶点编号为1-" << n << "，输入各顶点数据：";
    for(int i = 1; i <= n; i++)
        cin >> data[i];

    cout << "输入每条边相连接的顶点编号(1 2表示1 -> 2): \n";
    for(int i = 0; i < m; i++){
        int from, to;
        cin >> from >> to;
        graph[from][to] = 1;
        dist[to]++;                             // 入度数组随着输入更新
    }

    // 入度为0的顶点入队
    for(int i = 1; i <= n; i++)
        if(dist[i] == 0)
            q.push(i);

    cout << "该图的一个拓扑序列为：";
    while(!q.empty()){                          // 当队不空时
        int head = q.front();                   // 取队首
        cout << data[head] << ' ';
        for(int i = 1; i <= n; i++)
            if(graph[head][i] != 0){            // 找队首指向的顶点
                dist[i]--;                      // 指向顶点入度减一
                if(dist[i] == 0)                // 减为零时入队
                    q.push(i);
            }
        q.pop();                                // 出队
    }

    return 0;
}
```

附录 C　参考答案

赛题训练

第一章　进制

　　第一节　B，A

　　第二节　A，D，D，A，B，A，D

　　第三节　D，D，B，B

第二章　存储

　　第一节　C，D，B

　　第二节　B

　　第三节　A，B，C

　　第四节　C，C，A，A

第三章　算法

　　第一节　C，C

　　第二节　C，A，B

第四章　数学知识

　　第一节　A，C，D，C，B

　　第二节　A

　　第三节　A，B

第四节 B，D，C

第五章 数据结构

第一节 D

第二节 B，D，A，A

第三节 D，B，B，A，B，B

第四节 A，D

高频真题

题号	1	2	3	4	5	6	7	8	9	10
答案	A	D	B	A	C	C	A	D	A	B
题号	11	12	13	14	15	16	17	18	19	20
答案	D	A	B	D	B	A	B	B	D	A
题号	21	22	23	24	25	26	27	28	29	30
答案	D	A	A	A	B	B	B	B	C	D
题号	31	32	33	34	35	36	37	38	39	40
答案	B	A	C	D	D	C	D	A	B	B
题号	41	42	43	44	45	46	47	48	49	50
答案	C	C	B	C	C	B	C	D	A	A
题号	51	52	53	54	55	56	57	58	59	60
答案	A	D	A	C	A	A	A	D	B	D
题号	61	62	63	64	65	66	67	68	69	70
答案	B	C	C	D	B	B	C	A	A	B
题号	71	72	73	74	75	76	77	78	79	80
答案	C	D	C	D	C	D	C	C	A	B
题号	81	82	83	84	85	86	87	88	89	90
答案	B	A	D	A	A	B	B	B	A	D
题号	91	92	93	94	95	96	97	98	99	100
答案	C	D	C	D	A	C	C	C	C	B

大题

第一节 判断题和选择题

一、

【分析】

1. 程序输入的是字符串，即便输入数字、标点，程序也不会出问题，顶多输出乱码。

2. 观察程序中使用了 i 变量的地方，st[i-1] 用作了下标，i 若为 0 会出问题。

3. 从 i <= n 变成 i*i <= n，也就是 i <= sqrt(n)，i 循环的范围变小了，根号 n 右侧的下标不再被循环到，而根号 n 右侧同样会有 n 的约数（n % i == 0），所以程序结果会改变。

4. 这里必须要看懂程序在做的事情了，循环找到了 n 的约数 i，取出了 [i-1] 位置的字符 c，if 语句中 c 若是小写字母就改动。如果输入全是大写，大写字母的 ASCII 码小于小写字母，所以不会进入 if 语句，输出不变。

5. 18 的约数有 1、2、3、6、9、18，当 i 等于这些数时才会进入 if 语句改动字符，所以最多 6 个。

6. 与第 5 问同样的道理，要想 36 个字符不同，字符串长度 n 就要有 36 个约数。排除法解题。

【答案】

× √ × √ B B

二、

【分析】

这道题有一点绕，要仔细分析 a、b 两数组的逻辑，可以稍加想象：a 数组排成左边一列，b 数组排成右边一列，代码逻辑变成了 a、b 数组的连线，当 a[x]、b[y] 的旧值（初始全为 0）同时小于输入的 y、x 时，就建立新的连接或者覆盖旧的连接。程序最后统计了 a、b 数组中 0 的个数并输出。

1. 只要有输入，那么就一定会有连线，a、b 数组就会有非零值。
2. 仔细分析，尽管代码看着是对称的，但是这是对 a、b 各自进行的统计，只要连线是斜着的（↗），就不会是偶数了。
3. 举反例，输入的 x 和 y 相等，连线是"横着的"，a[i]、b[i] 都大于 0 了。
4. x 总是小于 y，说明连线是向下斜的（↘），而第 15 行代码是清除了 b 数组旧的连线，二者无关。或者举反例，每次输入的 x 都相同，y 都比 x 大。
5. 两两不同说明没有发生连线的替换，每次输入都建立的是新的连线。那么 a、b 中各有 m 个 0，输出 2n−2m。
6. 既然 y 都相等，那么最终只会留下一条连线，其余输入的都被覆盖掉了，所以最终只有 2 个非零。

【答案】

√×××ＡＡ

三、

【分析】

首先观察代码，f 函数的三个参数 l、r、depth，l 和 r 一般是 left 和 right，用来控制范围，这里就是数组下标了（0 到 n−1）；depth 一般用来表示树上节点的深度，可以把代码逻辑往树这边去思考，有误再更改。

f 函数首先找到了 a 数组中的最小值 min 及其下标 mink，接着就是递归 mink 的左边和右边，拿到左右的返回值后加上 b[mink]*depth 返回。

基本按树的想法捋顺了，a 数组是树的中序遍历结果，值最小的是根（笛卡儿树），b 数组存储的是节点的权值，f 函数最终计算返回了每个节点的权值乘该节点深度的总和。

1. a 数组有重复的数字不会影响找最小值，即不影响找根。

2. b 数组全零即节点权值全零，按输出的逻辑，零乘任何数得零，n 个 0 相加也还是 0。

3. 12 行是在找 a 数组的最小值，树的每一层总的比较次数是基本固定的，最坏情况要考虑到递归的次数。递归次数最多时，每次递归找到的根节点都是 a 数组区间 [l, r] 的端点，这样就划分不开左右。n 为 100 时，只考虑比较次数：第 1 层比较 100 次、第 2 层 99 次（少了 1 个根节点）、第 3 层 98 次、…、第 100 层 1 次，总共 1 + 2 + 3 + … + 100 = 5050 次。

4. 最好情况下，递归次数最少，也就是每次尽量对半分，达到 log n 的复杂度，递归次数最少为 7 次（2^7 > 100），另外要注意虽然划分开了左右，但是每层总共的比较次数基本不变（会少一些，少掉了根节点），大致估算一下，每层 100 次，总共 7 层，比较次数接近 700 次。

5. 这里不能估算了，要准确算出来。b 数组权值固定，b[0..n-1] = {1..n}，程序最后输出的是各节点深度乘权值，现在权值固定了，那么要想输出最大，就要权值大的节点的深度够深。与第 3 题一样的情况，每个节点占一层，权值大的在下边，权值总和为：1×1 + 2×2 + 3×3 + … + 10×10 = 385。

6. b 数组权值固定，全是 1，要想输出最小，那么节点的深度要尽可能小。与第 4 题一样的情况，尽量对半分（完全二叉树），100 个节点构成的树一共 7 层，每层的节点数为 1、2、4、8、16、32、37，再乘以对应的深度 1~7，求和即可。

【答案】

× √ ADDB

四、

【分析】

1. 代码中 n 的作用是限制 i 和 j 的范围，而 i 和 j 被用于 d 数组的下标，d 数组最多存储 1000 个元素，所以 n 应该小于或等于 1000，可以等于 1000，属文字游戏题。

2. 题目规定输入的 d[i] 都是正整数，ans 是 d 数组两个数相加的结果，似乎是正确的，但注意 ans 的赋值条件 d[i]<d[j]，如果输入的 d[i] 都是相等的，那么这个 if 语句就不执行了，ans 仍为最初的 -1。

3. 原本 d[i] 和 d[j] 是整个 d 数组两个数的所有组合（排列），若改为 j=i+1，那么每个数都只和自身右侧的数组合。考虑特殊情况，若 d 数组是降序的，d[i] 右侧的数 d[j] 都比自己小，if(d[i] < d[j]) 不成立，ans 就始终是 -1，所以结果会改变。

4. d[i] 和 d[j] 是整个 d 数组两个数的所有组合（排列），带顺序的（d[0] 和 d[3]、d[3] 又和 d[0]），所以两个数只要不相等，那么 ans 就会统计到这两个数。

5. 这里要看懂 ans 的赋值逻辑，即在任意两个数的组合中找了最大的（d[i] + d[j] - (d[i] & d[j])），两数的和减去了两数按位与的结果，那么两数的和可能减少也可能不变。这道题可以举反例来求解，既然输出是 127，那么就看看四个选项中的数能不能再搭配一个数求出 127，能就说明可以有：127 和 0、126 和 1、125 和 2，唯独 128 不行。

6. 选项中涉及奇偶数，那么先捋清奇偶数的运算：

奇数 + 偶数 = 奇数（减法同理）

奇数 + 奇数 = 偶数

偶数 + 偶数 = 偶数

奇数 & 偶数 = 偶数（二进制最低位决定奇偶性，奇数最低位是 1、偶数是 0）

奇数 & 奇数 = 奇数

偶数 & 偶数 = 偶数

奇数 + 偶数 - （奇数 & 偶数）= 奇数 - 偶数 = 奇数

奇数 + 奇数 - （奇数 & 奇数）= 偶数 - 奇数 = 奇数

偶数 + 偶数 - （偶数 & 偶数）= 偶数 - 偶数 = 偶数

所以如果结果是偶数，那么至少需要两个偶数。

【答案】

× × √ √ C C

五、

【分析】

首先可以观察代码，find 函数开头的逻辑是快速排序的逻辑，顺序为升序并且使用了随机数来确定基准值，若能分析出来，后续做题就简单一些了，整个代码是借助快速排序找序列中第 k 小的数。

1. x = rand() % (R − L + 1) + L，rand 是随机数，模（R − L + 1）的结果范围是 [0, R − L]（闭区间），那么再加上 L 就是 [L, R]（闭区间）。

2. 第 12 行循环的条件是 a<b，那么循环停止时 a 就等于 b 了，所以可以更改。在快速排序中，这里是 a、b 两个哨兵相遇的位置，接下来要交换基准值再递归左右了。

3. 这一问的原题是错误的，这里修改了选项。注意这里不是快排，只递归了一个划分开的子区间，而且也没有完成排序，只是借助了快排的思想，引入了随机数。可以自己手动模拟一下，即便初始顺序是递增的，算法进行中序列也会变成乱序。题目询问的是 swap 的执行次数，并不是整个算法的时间复杂度。

平均情况下，每次递归选取的基准值都是中间值，使得序列对半分，递归 $O(\log n)$ 次，每次递归一半的子区间，递归内交换执行 $O(\log n)$ 次，swap 总共执行 $O(\log^2 n)$ 次。

4. 同第 3 题。最坏情况下，每次递归选取的基准值都是最值，递归 $O(n)$ 次，递归内交换只执行 1 次（因为基准值是最值），swap 总共执行 $O(n)$ 次。

5. 平均情况下，每次对半分，只递归一半的序列，第 12 行循环内 a、b 跑完了整个子序列，总次数 $n + n/2 + n/4 + n/8 + \cdots = 1 + 2 + 4 + 8 + \cdots + n = O(n)$。

最坏情况下，每次基准值都是最值，两个子序列有一个是空，另一个只比原序列少了一个数，递归 n 次，每次循环近 n 次，总共 $O(n^2)$。

6. 可以自己模拟一下，若都是同一个数，第 12 行循环内的 ++a 就不执行，

而 --b 跑完了整个子序列，效果就与基准值是最值是一样的，是最差情况，时间复杂度为 $O(n^2)$。

【答案】

× √ B B A D

六、

【分析】

看到 getRoot、fa 数组及其用法，如果学过并查集，那么后续就简单了，否则就需要手动代入数据模拟一下程序的逻辑，既然看到了 Root，那么该联想到树根，画树来模拟 fa 数组存储的关系。

1. a 和 b 被用于 getRoot 的参数，变成了 v，v 被用作 fa 数组的下标，不能越界。

2. fa 数组存储每个节点在树上的父节点编号，初始自己为自己的父节点，随着第 26 行的合并操作建起了树，同时 cnt 数组统计树上节点数。若改为 fa[i]=0，cnt 数组的统计会出问题。

3. fa[i] 是 i 节点的父节点的编号，节点编号都在 [0, n) 之间。

4. cnt 表示以 i 为根的子树的节点数，正常是对的，但是这道题代码的并查集输入部分少了一个判断：if(x != y)，只有 a、b 节点所在树不同时才能执行合并操作。若相同会导致 cnt 错误变大。

5. 手算一下，x 总是不等于 y 说明输入始终是两棵树的合并，合并过程中统计了合并的两棵树的节点数乘积的总和，计算时注意归类：

50 棵有 1 个节点的树两两合并，一共 25 组，ans 增加了 1×1×25。

25 棵有 2 个节点的树两两合并，一共 12 组，剩余 1 棵，ans 增加了 2×2×12。

12 棵有 4 个节点的树和 1 棵有 2 个节点的树，一共 6 组，ans 增加了 6×4×4。

……（计算时不要漏掉数量不同的。）

6. 并查集有一个路径压缩的优化，但是这里的代码没有，找父亲的复杂度为

$O(n)$，输入循环为 $O(n)$，总共 $O(n^2)$。

【答案】

√ × √ × C C

七、

【分析】

这种题不需要按着题目的顺序做，先观察代码，从主函数输入开始确定代码思路以及各个变量的含义。

第 4 和第 5 题不好确定，先看 recursive 函数，确定各个参数的含义，其实也就是看各个变量用在什么地方：res[x][y] 说明 x 和 y 都是数组的下标；step = 1 << (n - 1) 的参数 n 被用来计算了一个值，而 step 在之后的递归中用于 x 和 y 的改动，那么还缺少一个存储填入数字的变量，结合四次递归的 t、t、t、!t，确定 t 就是要填入数组的值。

再观察一变四的递归逻辑，四次递归对应了四个位置，填入的数字 t 也符合题目规则，基本确定代码思路是直接计算出来变换 n 次之后的最终位置，然后直接填入数字。

按思路做完后最好再代入小数据检查一遍。

【答案】

CDBBB

八、

【分析】

题目中给的提示较多，算法思路是计数排序，各个数组的作用也都已说明，难点在于双关键字的处理。

按照题目给的思路，先对第二关键字排序，也就是 b 数组，代码中也有注释提示，①按计数排序的思路填出即可。

接着①、②之间的 for 循环要看懂，改动之前 cnt 数组的含义是：cnt[i] 的值为 j 表示 b 数组中 i 这个数出现了 j 次。for 循环对 cnt 数组做了前缀和，那么 cnt 数组的含义就变了，即 cnt[i] 的值为 j 表示 b 数组 i 这个数的排名为 j，可以直接用作下标。

接着对于②，如果只是单关键字排序，这里就应该是 B、C 项的逻辑，将数字填入结果数组再接着输出就好了。但是本题是双关键字，如果是 B、C 项的逻辑，存入的是数值大小，那么对后续排序无任何作用，应该存入下标，接着再处理第一关键字。ord 数组存放了第二关键字的排序结果，只不过排序结果是按 b 数组下标存储的，也就是真要输出的话得是 cout << b[ord [i]]。

③就是对第一关键字排序了，按计数排序逻辑统计 a 数组各数字出现的次数。

接着③、④之间又是前缀和，与之前的作用一样。

对于④，首先注意循环是倒着的，另外 a[i] 和 b[i] 是一对数，所以两个数组是共用一个下标的，b 数组的排序结果是 b[ord[i]]，那么 a 数组也要一起共用 ord[i] 这个下标，不能再用 i 了。

在⑤这里，由于④的四个选项 res 都是存储了 ord[i] 这个初步排序的下标，所以最终输出应该把 res 用于下标，即 a[res[i]]、b[res[i]]。

这道题逻辑复杂，①、③简单，②、④其实是对应的，可以借助排除法，②直接排除与 a 数组相关的选项，④直接排除与 b 数组相关的选项，剩余选项中由于是双关键字，那就不应该是单关键字的逻辑。

【答案】

B D C A B

第二节 程序阅读题

一、

【分析】

题目主要考察作用域、函数传参和引用类型变量的知识，silly 和 main 函数都能访问到全局作用域的 x、y、z 变量，但 silly 函数按就近原则，x 是自身作用域的变量，y 是引用类型，就是全局作用域的 y。所以 silly 对 y、z 两个变量的改动会影响到主函数。

【答案】

563

163

二、

【分析】

递归推导类型的题，一般数据量都不会很大，若数据量大则说明可以找到规律，计算时耐心认真即可，本题中：输入"8 4"后 main 函数调用 g(8, 4, 0)，g(8, 4, 0) = g(8, 3, 0) + g(7, 3, 1) + g(6, 3, 2)，递归执行的步骤为：

1）g(8, 3, 0) = g(8, 2, 0) + g(7, 2, 1) + g(6, 2, 2)

　　g(8, 2, 0) = g(8, 1, 0) + g(7, 1, 1) + g(6, 1, 2) + g(5, 1, 3) + g(4, 1, 4)

　　　　　　 = 1 + 1 + 1 + 1 + 1 = 5

　　g(7, 2, 1) = g(6, 1, 1) + g(5,1,2) + g(4, 1, 3) = 1 + 1 + 1 = 3

　　g(6, 2, 2) = g(4, 1, 2) + g(3, 1, 3) = 1 + 1 = 2

2）g(7, 3, 1) = g(6, 2, 1) + g(5, 2, 2)

　　g(6, 2, 1) = g(5, 1, 1) + g(4, 1, 2) + g(3, 1, 3) = 1 + 1 + 1 = 3

　　g(5, 2, 2) = g(3, 1, 2) = 1

3）g(6, 3, 2) = g(4, 2, 2) = g(2, 1, 2) = 1

【答案】

15

三、

【分析】

观察核心 for 循环部分的代码，是对 a[y][x] 的赋值和 y、x 的变动，变动的逻辑较为复杂，但总归是对一个二维数组按某种规则赋值的过程，若看不出来规则，则只能接着按代码流程一步步填完数组，需要认真细心。

若能找到规则，本题代码实际为奇数阶幻方的构造算法，设幻方阶数为 N，当 N 为奇数时，构造方法为：

1）将 1 放在第一行中间一列。

2）从 2 开始直到 $N \times N$ 止，各数依次按下列规则存放：

①按 45° 向右上行走，即每一个数存放的行是前一个数的行数减 1，是前一个数的列数加 1。

②如果下一个数的坐标列数右越界，则回到第一列；行数上越界，则回到最后一行。

③如果下一个数应放置处已有数字存在，则将下一个数放在当前数的下面。

代码最后输出了构造后幻方的第一行的数。

【答案】

17 24 1 8 15

四、

【分析】

有的时候，程序中的变量名、函数名可以起到提示的作用，在这道题中，函数名为 mergesort，再观察代码，确定为归并排序，只是多了一句代码 "s += mid − i + 1;"。

若有学过归并排序解逆序对问题，这里就可以忽略代码直接手动模拟出结果了；即便没学过，看出代码是归并排序后，也可以按着归并排序的流程，慢慢累加 s 的值。

【答案】

8

五、

【分析】

有时程序阅读题需要一定的想象力来配合解题。首先观察代码，x、y 和 dx、dy 四个变量一直在变化，而 dx、dy 这种变量名一般都是表示某方向的坐标变化，而代码中也的确是 dx、dy 控制着 x、y 的变动，x、y 在达到 1、n、m 时，dx、dy 两个变量（也就是方向）发生了变化，同时 cnt 累加。那么基本确定了各个变量的作用：x、y 表示一个坐标，坐标范围为 1-n 和 1-m，dx、dy 表示了一个方向上的坐标变化，cnt 表示到达边界的次数，达到两次就停（也就是角落）。

接下来可以想象着给代码一个实际情景：一个小球在长宽为 n、m 的矩形中运动，碰到边则 90° 向内反弹。小球起始坐标为 (1, 1)，初始方向为右上 45°，矩形坐标为 (1, 1) 到 (n, m)，小球运动到角落时停止并输出小球坐标。

按这个思路，第一个输入可以手动模拟解决。但后两个数据量较大，不适合模拟，需要找规律。

横坐标范围为 1~n，即矩阵横边长为 n-1，同理，矩阵纵边长为 m-1，设 z 为两数的最小公倍数，那么当动点移动 z 次时，动点会到达矩阵的角处，此时动点的坐标为：

- $z/(n-1)$ 为奇数，横坐标为 n。
- $z/(n-1)$ 为偶数，横坐标为 1。
- $z/(m-1)$ 为奇数，纵坐标为 m。
- $z/(m-1)$ 为偶数，纵坐标为 1。

所以只要求出最小公倍数就能直接解决问题，第二个输入的两数互质，直接乘就是最小公倍数，第三个输入需要质因子分解或先求最大公约数等方法来确定最小公倍数。

【答案】

1　3
2017　1
1　321

六、

【分析】

这是有某种实际作用的递归函数题，手动模拟不太好做，需要看出代码的功能是什么。

函数名为 lps，应该是有实际的含义，是某个英文的简写，若能认出是最长回文子序列（Longest Palindromic Subsequence，LPS），那么直接脱离代码手动模拟就行了。

若看不出来，则只能继续研究代码，找一些关键点。函数的参数是字符串和两个数字，结合主函数中的调用可以确定这两个数字是字符串的下标范围。函数中递归部分的逻辑是要看 i、j 两个下标处的字符是否相等，若相等则递归字符串的 i+1 到 j−1，同时返回值 +2，加的 2 应该是字符长度，可以看作 i、j 两个下标的字符被挑了出来，那么基本确定函数是在找字符串中某种东西的长度，再结合三处递归调用的逻辑，左右对应位置相等的字符串是回文串，基本就能模拟下去了。

【答案】

5

七、

【分析】

首先看懂输入，二维数组 6 行 5 列，9 个位置被打了标记，标记含义可以看作障碍物之类。接着循环整个二维数组，找没有标记的位置，从该位置开始执行 colour 函数。

colour 函数从起始位置开始向四个方向上扩展，找非障碍物的点递归下去同时累加 count，也就是找二维数组中连通的未被标记的区块，接着统计各区块数量，输出最大值。

colour 实际是泛洪填充算法的思路。画图软件中的油漆桶工具就是该算法的一个应用。

【答案】

7

八、

【分析】

相比于普通函数，递归函数总要稍难一些。本题中输入 m、n，接着变成 fen 函数的 i 和 j，fen（分）这个函数名就可以稍想想。递归函数输出的是 m=s、i，s 是一个初始为空的字符串，内容来源于 s1 和 '+'，s1 是一个数字字符，那么基本就确定了 s 字符串中是一个加法式子，函数做的事情是把 m 分成 n 个数相加的形式。

函数递归调用的地方处在 for 循环中，所以会产生多次递归调用，要注意按递归前进和回溯顺序输出所有答案。

【答案】

6 = 1 + 1 + 4

6 = 1 + 2 + 3

6 = 1 + 3 + 2

6 = 1 + 4 + 1

6 = 2 + 1 + 3

6 = 2 + 2 + 2

6 = 2 + 3 + 1

6 = 3 + 1 + 2

6 = 3 + 2 + 1

6 = 4 + 1 + 1

第三节 程序完善题

一、

【分析】

将数学上除法的过程抽象化，关键点在于第一次除法的被除数以及之后每次除法的被除数的选择。

第一次的被除数为值大于或等于除数，或者位数大于除数。

之后的被除数为上一次除法的余数补上下一位，没有可补的下一位时结束。

程序中，输入的 n 位大整数被拆开存入了 p 数组中（通过字符变量 c），i 表示当前取到了大整数的第几位，q 表示除数，rest 表示每一次除法的被除数。之后每个空如下：

1. 初始化 rest，取大整数的最高位，为第二个空做准备。

2. 此处循环作用是找到第一次除法的被除数。

3. 输出每一次除法的结果。

4. 修改 rest 的值，为下一次除法做准备。

5. 输出最后一次除法的余数。

【答案】

1. p[0]

2. rest < q

3. rest / q

4. rest % q * 10 + p[i]

5. rest % q

二、

【分析】

拓扑排序：对有向无环图各节点进行排序，使得生成序列满足图中节点前后置关系，例如，节点 a 有一条指向节点 b 的路径，那么在排序结果中，节点 a 出现在节点 b 之前。具体排序思路为：在所有节点中找到一个入度为 0 的节点，然后放入结果序列中，再将该节点以及与其相连接的边删去，再寻找入度为 0 的节点，如此循环下去，直至所有节点都已放入结果序列。

有向无环图的拓扑序列可能有多种，在本题代码中，拓扑排序思路为：先将所有入度为 0 的节点放入结果序列，然后依次删去，在删的过程中将删后入度变为 0 的节点放入结果序列，如此循环下去，直至全部放入。

1. 此处循环为输入图的结构，除了图的结构数组 graph 的赋值，还能在输入过程中完成的是节点的入度数组 degree 的赋值。
2. 此处循环在向结果数组中添加值，按照拓扑排序的思路，能首先进入结果数组的应该是入度为 0 的节点。
3. 此处在遍历所有节点，找到与 queue[head] 节点相连的节点，按照拓扑排序的思路，放入结果数组 queue 的节点应该删去，程序中表现为入度数组 degree 的变动。
4. 按照拓扑排序思路，应该依次删去每一个在结果数组中的节点，所以外层 while 循环是在遍历结果数组 queue。
5. 此处已经完成拓扑排序，遍历结果数组 queue，找到最长路径。

【答案】

1. degree[b]++
2. degree[i] == 0
3. degree[i]--
4. head++
5. ans < len[a]

三、

【分析】

1. 该空所在 sort 函数为快速排序的变种，基准值改为了中间值。实际排序结果为（从小到大）：height[rank[1]]、height[rank[2]]、…、height[rank[n]]。
2. 此处应为 next 数组的赋值，previous 和 next 两数组用来模拟一个双向链表。
3. 对应上方 shorter 的赋值，对 higher 进行赋值，计算出比当前 height[i] 较高、较低的两个身高差。

4. 按题目要求，选取身高差较小的人交朋友。

5. 对照上一行，此处是在双向链表中删去 i 节点。

【答案】

1. i <= j

2. next[rank[i]] = rank[i + 1]

3. higher = height[next[i]] − height[i]

4. shorter < higher

5. previous[next[i]] = previous[i]

四、

【分析】

本题代码存储图的方式为前向星，然后使用 SPFA 算法来寻找最短路径，该算法弥补了 Dijkstra 算法无法搜寻有负权边的图的最短路径的缺陷。算法准备一个数组 dist，用来存放起点到各个点的最短路径值；再设立一个先进先出的队列 queue，用来保存待优化的顶点，优化时每次拿出队首顶点并对与其相连的顶点做松弛操作，若成功松弛并且队列中无此顶点，就将松弛后的顶点放入队尾，这样不断从队列中取出顶点来进行松弛操作，直至队列空为止。

松弛操作的原理是著名的定理——"三角形两边之和大于第三边"，在信息学中我们叫它三角不等式。所谓对节点 i、j 进行松弛，就是判定是否 dist[j]>dist[i]+weight[i,j]（边权），如果该式成立则将 dist[j] 减小到 dist[i]+weight[i, j]，否则不动。

题目代码中，next、point、weight 数组的下标为边的编号，head、queue、dist、visit 数组的下标为顶点的编号，各数组作用为：

- queue 为一个队列，s、t 分别表示队首、队尾指针，用来存放待扩展的顶点。
- dist[i] 表示起点到 i 号节点的最短路径的长度。
- visit[i] 表示 i 号节点是否在当前队列内，0 表示不在，1 表示在。

- head[i] 表示顶点 i 的第一条边的编号。
- next[i] 表示第 i 条边的下一条边的编号。
- point[i] 表示第 i 条边的终点。
- weight[i] 表示第 i 条边的长度。

1. 此处为初始化部分，目的是为下方循环做准备，缺少对 dist 数组首项的赋值。
2. 松弛操作的条件，当前路径权值和小于 dist 数组中存放的最短路径估计值时，更新 dist 数组。
3. 下句代码 s++ 为队首指针的改动，表示出队操作，visit 数组应同步更新节点状态。
4. 新的最短路径的条件。
5. 下句代码 t++ 为队尾指针的改动，表示入队操作，visit 数组应同步更新节点状态。

【答案】

1. dist[1] = 0
2. dist[x] + weight[j] < dist[point[j]]
3. visit[x] = 0
4. dist[x] + weight[j] == dist[point[j]]
5. visit[point[j]] = 1

五、

【分析】

本题代码中提示了 lmax、rmax 两数组的作用，此外 14～22 行的代码结构与 23～31 行的相类似，14～22 行的代码功能为对 lmax 数组做赋值，可以推断出 23～31 行应对 rmax 数组做赋值，进而按 lmax 赋值的思路对照着填出第 1 到第 4 个空。

第 5 个空所在循环为寻找双子序列最大值，借助赋值好的 lmax、rmax 两数组，尝试所有可能的双子序列组合，需注意题目要求的"两个连续子序列之间至少间隔 1 个数"。

【答案】

1. rmax[n − 1] = x[n − 1]
2. rmax[i] = x[i]
3. rmax[i] = rmax[i + 1] + x[i]
4. rmax[i] = rmax[i + 1]
5. lmax[i − 1] + rmax[i + 1]

六、

【分析】

本题代码中各数组作用已在题目和代码中说明，寻路算法为 Dijkstra（狄杰斯特拉）算法。算法设置两个数组，dist 数组存储起点到各节点的最短路径值、used 数组标记各节点的扩展情况。每次从 dist 数组中取出 dist 值**最小**的且**未被扩展**的顶点进行扩展（尝试对与其相连的顶点做松弛操作），并标记为已扩展，如此循环，直至 dist 数组中无可扩展的节点，此时 dist 数组存放的即为原点到各节点的最短路径值。

1. 按照算法思路，"从未扩展的节点中选取 dist 值最小的节点 v 进行扩展"，应先按照最小值模式，找到 dist 数组的最小值的下标 v。此处应为对 v 的初始化，结合 22 行 if 语句可知，v 初始值为 −1。

2. 最小值模式：判断。

3. 最小值模式：赋值。

4. 找到 dist 值最小的顶点是为了对其进行扩展，此处应为修改 v 节点的扩展状态（打标记）。

5. 松弛操作，起点到 i 节点可能不止一条路径，当 dist[i] 已经有值时，应当选取各路径中权值较小的路径并将权值和存入 dist[i]。

【答案】

1. v = -1

2. dist[i] < dist[v] 或 dist[i] <= dist[v]

3. v = i

4. used[v] = 1

5. dist[v] + w[v][i] < dist[i] 或 dist[v] + w[v][i] <= dist[i]

七、

【分析】

1. 由题目提示，top1 指向 stack1 的最后一个元素的下一个，此时 stack1 数组已经存入了 n 个数，最后一个有效数的下标为 n - 1。

2. top2 指向 stack2 的最后一个元素的下一个，此时 stack2 数组为空数组。

3. 由循环内其余两句代码可知，栈顶指针的变化说明此处发生了出入栈操作，即 stack1 出栈，出栈数存入 stack2，stack2 入栈。

4. 同第 3 题，stack2 出栈，stack1 入栈。

5. 栈顶指针指向最后一个数的下一个，此处应为输出 stack1 的最后一个有效数。

【答案】

1. n

2. 0

3. stack2[top2] = stack2[top1]

4. stack2[top1] = stack2[top2]

5. top1 - 1

八、

【分析】

1. ans 变量为最终输出的结果变量，此处为对其做初始化赋值，注意 matrix 数组下标从 1 开始。

2. 此处应为对 rowsum 数组做初始化，由数组名、后续代码可知，rowsum[i][j] 表示第 i 行前 j 个数的和。

3. rowsum 数组赋值。

4. 由后续代码可知，此处为最大值模式的开始，即初始化 area 变量。三层循环的前两层为限制列范围，最后一层为遍历所有行，通过尝试所有可能的子矩阵，从而找到最大子矩阵和。

5. 将 first～last 列每一行的和加入 area 变量，注意 rowsum 数组的含义，此处求和应包含 first 列和 last 列。

【答案】

1. [1][1]

2. rowsum[i][0] = 0

3. rowsum[i][j − 1] + matrix[i][j]

4. area = 0

5. rowsum[i][last] − rowsum[i][first − 1]

真题卷

2020 CSP-J

一、单向选择题

题号	1	2	3	4	5
答案	B	A	C	B	D
题号	6	7	8	9	10
答案	B	B	C	C	D
题号	11	12	13	14	15
答案	C	D	B	B	D

二、阅读程序

1.

题号	1)	2)	3)	4)	5)	6)
答案	√	×	√	×	C	D

2.

题号	1)	2)	3)	4)	5)	6)
答案	×	×	√	D	A	A

3.

题号	1)	2)	3)	4)	5)	6)
答案	×	√	×	C	B	D

三、完善程序

1.

题号	1)	2)	3)	4)	5)
答案	D	D	B	A	D

2.

题号	1）	2）	3）	4）	5）
答案	D	C	C	B	B

2020 CSP-S

一、单向选择题

题号	1	2	3	4	5
答案	C	B	B	B	D
题号	6	7	8	9	10
答案	B	A	A	C	C
题号	11	12	13	14	15
答案	C	D	B	D	C

二、阅读程序

1.

题号	1）	2）	3）	4）	5）	6）
答案	×	×	√	√	C	C

2.

题号	1）	2）	3）	4）	5）	6）
答案	×	√	C	C	D	A

3.

题号	1）	2）	3）	4）	5）	6）
答案	√	×	√	D	C	C

三、完善程序

1.

题号	1)	2)	3)	4)	5)
答案	D	B	D	D	B

2.

题号	1)	2)	3)	4)	5)
答案	D	B	C	A	B